신입 원아
적응 프로그램
및
부모상담
실제 워크샵

www.5touch.com
Tel : 02-3295-1789   Fax : 031-5175-4700

신입 원아
적응 프로그램

부모상담
실제 워크샵

"보고 알면 사랑하게 된다."

오감발달교육연구소
지음

오감발달교육연구소

신입 원아 적응 프로그램을 소개하며

오터치 오감발달 연구소는 신입 원아 적응기에 꼭 필요한 프로그램을 개발하여 현장에서 애쓰시는 교사들에게 도움이 되고자 2020년 신입 원아 적응 프로그램을 소개하게 되었습니다. 오터치 오감발달 연구소의 I See U. 양육 놀이—경청, 공감, 인정을 활용한 신입 원아 적응 프로그램은 영아의 마음을 충분히 헤아리고 다독이며, 부모와 떨어져 지내는 것을 보다 편안하게 받아들이도록 돕고 끊임없이 주변 세계를 탐색하는 영아의 발달특징을 고려하여 즐겁게 놀이할 수 있도록 교사들을 지원합니다.

'영아 적응 들여다보기'는 의미 있지만 절대 쉽지 않은 과정이며, 어린이집에서의 새 학기 '영아의 적응'은 1년 중 가장 중요하다고 할 수 있다.

영아는 어린이집이라는 낯선 환경에서 어려움을 겪게 된다. 부모는 어린이집과의 신뢰를 형성하기도 전에, 영아의 편안한 적응을 기대한다. 영아, 부모, 교사 모두 의식적이든 무의식적이든 심리적으로 불안하다. 새로운 만남과 동시에 서로를 알아가는 과정의 어려움을 갖는다. 인적 물리적 새로운 환경에서 구성원 모두 쉽지 않은 시간을 보내야만 하는 것이다.

적응은 영아와 어린이집의 관계가 아닌, 영아 · 부모 · 어린이집(교사) 간의 유기적인 관계이며, 긍정적이고 안정적인 관계를 위해 서로 간의 섬세한 협력과 조율이 필요하다.

특히 협력과 조율의 단계적 진행은 긍정적이고 안정적인 관계 형성에 도움을 주지만 단기간에 이루어지는 것이 아니기에 개별적 특성과 요구에 따라 섬세한 계획으로 이루어져야 한다.

영아를 둘러싼 안전한 환경과 협력적 돌봄은 영아에게 존중과 공감의 경험으로 이어져 어린이집의 편안한 적응을 도울 수 있고, 영아 · 부모 · 교사 모두에게 날마다 새롭고 소소한 즐거움과 감사를 경험하게 한다.

적응의 측면에서 어린이집의 하루 일과를 크게 등 · 하원과 놀이로 나누어 볼 수 있다.

영아의 등 · 하원은 부모 혹은 양육자와 이루어지며 어린이집에서의 생활은 교사와 함께한다. 등원부터 하원까지 영아는 성인과 '동행'하는 것이다. 이때 성인의 동행은 슬쩍 쳐다보거나 언어로 칭찬하는 동행이 아니다, 적절히 가까운 거리를 유지하며 존중하되 지시하지 않고 기다려 주어야 한다.

영아가 자유롭게 움직이며 놀이하는 것은 안전한 곳이라고 느끼는 것이며 어린이집이라는 낯선 환경에서 영아의 움직임의 거리가 부모로부터 점점 멀어진다는 것은 교사와의 애착이 시작되었음을 의미하기도 한다. 교사와의 애착이 형성된 영아는 자유롭게 주변을 탐색하다가 어려움과 마주하면 언제든지 교사에게 돌아올 수 있어야 하며 이때 교사는 충분한 안전기지의 역할을 담당해야 한다. 이러한 반복적인 과정은 안정적으로 어린이집 생활에 적응되어 가는 과정이며 처음 겪는 타인과의 바람직한 관계 맺음이 되는 것이다. 교사와 영아의 안정애착에 기반한 좋은 관계 맺음은 영아들의 자유 놀이로 이어지는 토대가 된다.

자유 놀이는 '혼자 놀기'와 '함께 놀기'로 나누어진다. 혼자 놀기에서는 탐색 활동, 세상에 대한 관심, 자기 신뢰를 경험하게 된다. 함께 놀기에서는 사랑, 온기, 보호받는 느낌, 안정감을 통해 신뢰와 자신감을 갖게 된다. 이렇게 혼자 놀기와 함께 놀기를 병행하며 영아들은 건강하게 성장할 수 있다. 영아들은 이해보다 느낌으로 상황을 읽고 배우기 때문이다.

"어떤 사람과 동행 한다는 것은 그와의 관계 안으로 들어감을 뜻한다. 동행은 타인에게 길을 지시하는 것이 아니라 동행은 그 사람 곁에 있어 주는 것이다."

-마르틴 부버

적응의 대상인 영아 교사 부모의 입장에서 내용을 점검해보면

영아

- 부모 혹은 주 양육자가 아닌 교사라는 새로운 대상과 애착관계를 맺어야 한다.
- 본능적으로 관계맺기를 시도한다.
- 말이 아니라 행동으로 움직이는 영아는 편안하고 보호 받는 안도감의 물리적 인적 환경이 필요하다.
- 혼자놀기와 함께놀기가 안전하게 보장되어야 한다.
- 개별적 요구와 발달이 이뤄지는 놀이 환경을 제공 받아야 한다.
- 신뢰하는 사람 곁에 있고 싶어 하고 보호 받고 싶어 한다.(의미 있는 비언어적 의사소통)

교사

- 개별적 요구에 맞는 일상적 양육(먹이고 씻기고 재우는 돌봄)을 확실하게 먼저 제공해야 한다.
- 발달적 요구에 적합한 놀이 환경과 놀잇감을 제공해야 한다.
- 자유놀이가 방해되지 않도록 기다려 주어야 한다.
- 부모의 역할을 대신하는 성인이 아닌 또 다른 애착의 대상자임을 잊지 않아야 한다.
- 영아와 부모가 느끼는 분리불안이 본능임을 인식해야 한다.
- 어린 영아가 만나는 집단의 크기를 영아는 3배 크게 느끼고 있다.
- 부모로부터 신뢰를 가불 받았음을 잊지 않아야 한다.

부모

- 부모 없는 적응은 이뤄질 수 없다.
- 첫 3일은 반드시 부모 둘 중 한명은 적응에 함께 있어야 한다.
- 어린이집 일과 운영에 대한 이해와 영아의 정보를 주고받아야 한다.

- 새로운 시도는 부모와 처음 시작하는 것이 바람직하다.

- 적응기간 동안 이사나 휴가로 적응기간이 중단되어서는 안 된다.

- 부모는 교사와 함께 어린이집 적응의 동반자이다.

교사 활동 및 토의

- 낯선 환경의 느낌 나누기

- 자유놀이 경험

- 리듬놀이 경험

오터치 신입원아 적응 프로그램 구성

♡ 대상 신입 원아 : 0세, 1세, 2세

♡ 프로그램 내용 :

- 신입 원아 적응 프로그램과 부모 상담 연간 일정 예시

- 신입 원아 프로그램의 개요

- 신입 원아 적응 프로그램 활동계획과 실제

- 신입 원아 적응 프로그램 실시 후 상담을 위한 관찰일지 예시

- 학부모 상담에 필요한 제반서류(영유아 상담 포트폴리오 예시 등)

♡ 신입 원아 적응 프로그램의 실제 - I See U. I Know U.=I Respect U 양육 놀이

- 영유아의 관심은 무엇인가?

- 무엇을 하려고 하는가?

- 놀이를 반복, 몰입, 확장하고 즐기며 재미를 더하기 위한 지원 방법 모색

신입 원아 적응 프로그램의 실제에서는 각 연령별로 6개의 프로그램을 소개하고 있으며, 각 활동은 영유아들의 행동관찰(경청)을 위한 자료제공 방법과 영유아들의 감정, 생각을 이해해주는 상호작용(공감), 영유아들의 행동 이해와 배려(인정)로 구성되어 있으며, 영상으로도 제공됩니다.

재생목록

소개영상

만 0세 신입 원아
적응 프로그램

신입 원아 적응 프로그램과 부모 상담 연간 일정

번호	행사명	실시월	세부준비사항
1	신입 원아 적응	3월	1. 연령별 적응 프로그램/ 5일 기준/ 5개 영역 포함 2. 적응관찰일지 작성 3. 적응 프로그램에 대한 부모 만족도 조사
2	1학기 부모상담 사전 준비	4월	1. 3월~4월 상담을 위한 관찰일지 작성 / 6개 영역 / 영아 관찰일지 2. 사전 상담지 준비 및 작성 3. 반별 상담 일정표 계획해서 학부모 배부 4. 가정통신(상담 안내문 시기, 시간, 방법, 장소)
3	1학기 부모상담	5월	1. 포트폴리오 작성 / 6개 영역 2. 사전 상담지와 관찰을 통한 내용을 바탕으로 상담 내용선정 3. 상담을 통한 개별 면담지 작성 4. 가정통신문(상담 종료한 내용)
4	1학기 부모 참여수업	6월	1. 교사회의 결정 (세부– 행사명, 프로그램, 장소, 시간, 구체업무분담) 2. 가정통신문(행사내용, 참여/불참 확인) 3. 행사/행사 후 만족도 조사 설문지 보내기
5	1학기 관찰일지	7월	1. 표준보육과정에 따른 영아 관찰일지 2. 1학기 만족도 설문지 배부 회신
6	2학기 부모 참여수업	10월	1. 교사회의 결정(1학기 만족도 조사를 바탕으로 행사계획) 2. 가정통신문(행사내용, 참여/불참 확인) 3. 행사/행사 후 만족도 조사 설문지 보내기
7	2학기 부모상담 사전 준비	11월	1. 2학기 상담을 위한 포트폴리오 준비 및 작성 2. 반별 상담 일정표 계획해서 학부모 배부 3. 가정통신(상담 안내문 시기, 시간, 방법, 장소)
8	2학기 부모상담	12월	1. 상담을 위한 포트폴리오 작성 2. 관찰을 통한 내용을 바탕으로 상담 내용선정 3. 상담을 통한 개별 면담지 작성 4. 가정통신문(상담 종료한 내용)
9	2학기 관찰일지	다음 해 1월	1. 2학기 어린이집 만족도 조사

만 0세 신입 원아
적응 프로그램 개요

반 명		반	이 름		연 령	

어린이집 적응 프로그램은 영아들이 심리적 정서적 불안을 최소화하고 교사와의 신뢰감과 애착을 느끼게 하는 과정입니다. 이 과정은 영아가 원만하게 새로운 환경에 적응하도록 돕습니다.

적응 프로그램

1단계	어린이집 탐색
활동 내용	1. 엄마 품에서 선생님과 인사 나눠요. 2. 엄마 품에서 보육실을 둘러보아요. 3. 선생님과 인사 나눠요.

2단계	선생님과 놀아요
활동 내용	1. 선생님과 인사 나눠요. 2. 엄마, 선생님과 함께 놀아요.

3단계	맛있는 이유식 · 분유(우유) 먹기
활동 내용	1. 엄마, 선생님과 놀잇감으로 놀아요. 2. 선생님과 이유식, 분유 먹어요.

4단계	낮잠을 잘 수 있어요
활동 내용	1. 선생님과 산책을 가요. 2. 내 이불이에요. 3. 선생님 품에서 잠들어요.

5단계	편안하게 놀이해요
활동 내용	1. 우리 반이 즐거워요. 2. 선생님과 함께 놀아요.

6단계	엄마! 다녀오세요~
활동 내용	1. 선생님을 만나요. 2. 엄마와 안녕~ 하며 헤어질 수 있어요. 3. 적응 상태에 따라 시간을 조절할 수 있어요.

개별 상황을 고려한 단계별 적응 프로그램

프로그램	1단계 어린이집 탐색	2단계 선생님과 놀아요	3단계 맛있는 이유식· 분유(우유) 먹기	4단계 낮잠을 잘 수 있어요	5단계 편안하게 놀이해요	6단계 엄마! 다녀오세요~
1주	1일	2일	3일	4일	5일	6일
2주	1~2일째	3~4일째	5~6일째	7~8일째	9~10일째	11일째
3주	1~3일째	4~6일째	7~9일째	10~12일째	13~15일째	16일째

만 0세 신입 원아
적응 프로그램 활동 계획

담임	원장

0세 반

(2020.   .   ~   .   )

단계/기간	시간	주제/목표	활 동 내 용
1단계(일) 월 일( ) ~ 월 일( )	09:00 ~ 10:00	**어린이집 탐색** * 엄마 품에서 선생님과 인사 나눠요. * 엄마 품에 안겨 보육실을 둘러보아요.	* **활동명** : 인사해요 * **영역(범주)** : 의사소통 〉 듣기 〉 경험과 관련된 말 듣고 알기 〉 　　　눈앞에 보이는 경험과 관련된 말에 반응한다. * **활동방법** : ① 손을 흔들며 동물 인형을 보여준다. 　　　② 엄마와 아가와 함께 인사를 나눈다. 　　　③ 동물에게도 인사 나눈다.
2단계(일) 월 일( ) ~ 월 일( )	09:00 ~ 11:00	**선생님과 놀아요** * 선생님과 인사 나눠요. * 엄마, 선생님과 함께 놀아요. * 선생님께 안겨보아요.	* **활동명** : 까꿍 '우리 엄마 어딨나?' * **영역(범주)** : 사회관계 〉 더불어 생활하기 〉 안정적 애착 형성하기 〉 　　　양육자와 시선을 맞춘다. * **활동방법** : ① 스카프로 엄마 얼굴을 가리며 까꿍 놀이하기 　　　② 스카프로 교사 얼굴을 가리며 까꿍 놀이하기 　　　③ 음악과 함께 까꿍 놀이하기
3단계(일) 월 일( ) ~ 월 일( )	09:00 ~ 12:30	**맛있는 이유식·분유(우유) 먹기** * 맛있는 이유식을 먹어요. * 내가 좋아하는 놀잇감 탐색해요.	* **활동명** : 흔들다가 얼음 * **영역(범주)** : 예술경험 〉 아름다움 찾아보기 〉 예술적 요소에 호기심 　　　가지기 〉 주변의 소리와 움직임에 호기심을 가진다. * **활동방법** : ① 마라카스를 탐색한다. 　　　② 선생님이 노래에 흔들며 놀이를 보여준다. 　　　③ 노래에 맞춰 흔들며 놀이한다.
4단계(일) 월 일( ) ~ 월 일( )	09:00 ~ 15:00	**낮잠을 잘 수 있어요** * 선생님과 산책을 가요. * 내 이불이에요. * 선생님 품에서 잠들어요.	* **활동명** : 유모차를 타요 * **영역(범주)** : 자연탐구 〉 탐구하는 태도 기르기 〉 사물에 관심 가지기 〉 　　　주변 사물에 관심을 가진다. * **활동방법** : ① 엄마와 함께 산책을 한다. 　　　② 돗자리에 앉아서 주변 자연을 느낀다. 　　　③ 돗자리에 앉아서 책을 읽는다.
5단계(일) 월 일( ) ~ 월 일( )	09:00 ~ 16:00	**편안하게 놀이해요** * 아장반이 즐거워요. * 선생님과 놀이는 즐거워요.	* **활동명** : 눈은 어디 있나? '요기' * **영역(범주)** : 신체활동 〉 신체운동과 기본 운동하기 〉 소근육 　　　조절하기 〉 눈과 손을 협응하여 소근육을 활용해 본다. * **활동방법** : ① 색깔 스티커를 얼굴에 붙이고 아가와 눈을 맞춘다. 　　　② 손으로 떼어 보게 한다. 　　　③ 아가 얼굴에 붙이고 거울을 본다.
6단계(일) 월 일( ) ~ 월 일( )	09:00 ~ 귀가	**엄마! 다녀오세요~** * 아장반 선생님을 만나요 * 엄마와 안녕~ 인사하며 선생님께 안겨요. * 적응 상태에 따라 시간, 기간을 조절할 수 있어요.	* **활동명** : 아장아장 걸어 봐요 * **영역(범주)** : 신체운동 〉 신체조절과 기본 운동하기 〉 기본 운동하기 〉 　　　기기, 걷기 등 이동 운동을 조절한다. * **활동방법** : ① 교사가 인형을 잡고 걸음마 모델링 보이기 　　　② 영아의 손을 잡고 발을 떼려 할 때 지원하기 　　　③ 음악과 함께 즐겁게 이동을 시도하기 　　　④ 활동을 격려하기
종합평가			

만 0세 신입 원아
적응 프로그램 실제

| 활동 1 | 인사해요 | 목 표 | 어린이집을 둘러보며 안정감을 갖는다. |

내용 범주	의사소통 〉 듣기 〉 경험과 관련된 말 듣고 알기 〉 눈앞에 보이는 경험과 관련된 말에 반응한다.
준 비 물	STEP0 CD, 강아지 · 고양이 퍼펫, 그림자료, 스티커, 막대인형 등
챈트&노래	강아지가 인사해요. 멍.멍.멍. 고양이가 인사해요. '야옹 야옹' 우리 모두 인사해요. 안녕하세요? 반갑습니다.
상호작용 (예시)	**의도적 질문** : 이게 뭐야? 강아지랑 인사해볼까? **경청** : 강아지 인형을 보고 있구나. (강아지 만졌어요? 등) **공감** : 강아지를 좋아하는구나. 강아지를 안아보고 싶구나. **인정** : 안아주니 기분이 좋아졌구나~ 강아지랑 인사해볼까?

QR코드를
찍어보세요.

| 활동 2 | 까꿍 놀이 | 목 표 | 양육자와 시선을 맞추며 애착을 돕는다. |

내용 범주	사회관계 〉 더불어 생활하기 〉 안정적 애착 형성하기 〉 양육자와 시선을 맞춘다.
준 비 물	STEP0 CD, 스카프
챈트&노래	우리 아가 어딨나? 찾아봅시다. 여기 있을까? 저기 있을까? 요기 있네요. 까꿍
상호작용 (예시)	**의도적 질문** : 이게 뭐야? 어디 있지? 여기 있나? 저기 있나? **경청** : 스카프를 잡았네~ **공감** : 우리 ○○이 어딨지? 까꿍 (스카프 느낌이 좋구나. 스카프가 얼굴을 덮어서 놀랐구나~) **인정** : 스카프를 내릴 수 있구나. 자꾸 해보고 싶구나. 또 해 볼까?

QR코드를
찍어보세요.

활동 3	흔들다가 얼음	목 표	소리와 움직임에 호기심을 보이며 반응한다.

내용 범주	예술경험 〉 아름다움 찾아보기 〉 예술적 요소에 호기심 가지기 〉 주변의 소리와 움직임에 호기심을 가진다.
준 비 물	STEP0 CD, 마라카스
챈트&노래	모두 다 흔들 흔들 흔들 얼음! 흔들 흔들 흔들 얼음! 모두 다 흔들 흔들 흔들 얼음! 춤을 춥니다. 딸랑이를 위로 딸랑이를 아래로 딸랑이를 앞으로 춤을 춥니다. 딸랑이를 위로 딸랑이를 아래로 딸랑이를 앞으로 딸랑이 안녕〜
상호작용 (예시)	**의도적 질문** : 이게 뭐야? 이게 무슨 소리야? 딸랑딸랑〜 슈슈슈〜 **경청** : 딸랑이를 쥐었네. **공감** : 딸랑이를 흔들 수 있구나. 소리가 나지. (슈슈슈 소리가 나지?) **인정** : 소리가 재미있구나.

활동 4	유모차를 타요	목 표	어린이집 주변 환경에 관심을 가지며 친숙함을 기른다.

내용 범주	자연탐구 〉 탐구하는 태도 기르기 〉 사물에 관심 가지기 〉 주변 사물에 관심을 가진다.
준 비 물	유모차, 돗자리
활동방법	1. 엄마와 함께 산책을 한다. 2. 돗자리에 앉아서 주변 자연을 느껴 본다. 3 오감 발문을 통한 상호작용을 한다.
상호작용 (예시)	**의도적 질문** : 우리 어디 갈까? 저게 뭐야? **경청** : 혼자 유모차에 앉았네. **공감** : 유모차 타고 나가고 싶구나. 우리 산책 가보자. **인정** : 산책을 하니 기분이 좋아졌구나. 유모차 타고 또 어디 갈까?

활동 5	어디 있나?	목 표	눈과 손을 협응하여 스티커를 뗄 수 있다.

내용 범주	신체활동 〉 신체운동과 기본운동하기 〉 소근육 조절하기 〉 눈과 손을 협응하여 소근육을 활용해본다.
준 비 물	STEP0 CD, 색깔스티커, 거울판, 스티커
챈트&노래	우리 아가 눈 어디 있나? 우리 아가 눈 여기 있어요(코, 귀, 입) 우리 아가 어디 있나? 우리 아가 여기 있어요. 우리 아가 찾아볼까? 우리 아가 여기 있어요. 까꿍~
상호작용 (예시)	**의도적 질문** : 이게 누구야? 우리 아가 어디있나? 여기 있네 까꿍~ **경청** : 거울 속에 누가 보이는구나? 누굴까? ○○이 있네. **공감** : 웃고 있구나. 기분이 좋아 보이네. **인정** : 두드리고 만지고 싶구나. 거울놀이가 재미있구나.

QR코드를
찍어보세요.

활동 6	살금살금, 엉금엉금, 뒤뚱뒤뚱, 아장아장	목 표	걸음을 유도하며 한발씩 걸을 수 있다.

내용 범주	신체운동 〉 신체조절과 기본 운동하기 〉 기본운동하기 〉 기기, 걷기 등 이동 운동을 시도한다.
준 비 물	STEP0 CD, 발자국 스티커 or 색깔 스티커
챈트&노래	○○야 ○○야 다리 튼튼해져라~ ○○야 ○○야 혼자 설 수 있겠니? 살금살금 기어가 보자! 살금~ 콩콩콩콩 걸어가 보자! 콩콩콩 쿵쿵 쿵쿵 걸어가 보자! 아장아장 아기 걸음마! 아장~
상호작용 (예시)	**의도적 질문** : 예쁜 다리 어디 있나? 걸음마 해볼까? **경청** : 혼자 섰네~ **공감** : 걷고 싶었구나. **인정** : 손잡고 걸어보자. 아장아장 걸을 수 있구나.

♡ 신입 원아 적응 프로그램 관찰일지 ♡

기 간	2019. 02. 27 ～ 2019. 03. 07

이 름		나 이 반 명		담 임		원 장	

요일	시간	내용	관 찰 일 지

1단계
 	
2월 27일(수)
	09:00
	～
	10:00
		어린이집 탐색
		
		* 엄마 품에서 선생님과
		  인사 나눠요.
		* 엄마 품에 안겨 보육실을
		  둘러보아요.
		* 선생님과 놀이해요.
			낯가림이 없이 활짝 웃으며 눈을 맞췄다.
			퍼펫 인형을 가지고 "지민아 안녕～"
			하니 인형을 만져보며 호기심을 보인다.
			인형을 만져보며 엄마와 함께 보육실의
			교구들과 인사 나누기를 해보았다.

2단계 2월 28일(목)	09:00 ～ 11:00	**선생님과 놀아요** * 선생님과 인사 나눠요. * 엄마, 선생님과 함께 놀아요. * 선생님께 안겨보아요.	스카프를 가지고 까꿍 놀이를 했다. "엄마 없다～ 여기있지～"하니 웃으며 스카프를 가지고 간다. 교사가 지민이 얼굴에 씌어주고 "지민이 없네 ～" 하고는 얼굴을 가까이 대고 "여기있지～" 하니 활짝 웃는다.
3단계 3월 4일(월)	09:00 ～ 12:30	**맛있는 이유식 · 분유(우유) 먹기** * 맛있는 이유식을 먹어요. * 내가 좋아하는 놀잇감 탐색해요.	마라카스를 흔들며 교사와도 즐겁게 웃고 까꿍 놀이를 즐겼다. 엄마가 타주신 분유를 먹었다. 거부감 없이 맛있게 먹으며 눈을 맞췄다. 분유 를 먹는 동안 " 참 잘 먹는구나～ 건강하게 자 라요～ 지혜롭게 자라요～"하고 이야기를 나눠 주었다.
4단계 3월 5일(화)	09:00 ～ 15:00	**낮잠을 잘 수 있어요** * 선생님과 산책을 가요. * 내 이불이에요. * 선생님 품에서 잠을어요.	잠을 자기 싫다고 하여 아직 추웠지만 유모차 를 타고 안 자는 친구와 함께 산책을 했다. 경비 실 아저씨와 인사를 나누고 놀이터의 놀이기구 도 보고 앙상한 나무와도 인사를 나누고 이야 기를 나누었다.
5단계 3월 6일(수)	09:00 ～ 16:00	**편안하게 놀이해요** * 아장반이 즐거워요. * 선생님과 놀이는 즐거워요.	교사와 반갑게 인사를 나누고, 교사에게 안긴 다. 스티커를 이용해 교사가 "코코코 코～!"하며 교사 얼굴에 스티커를 붙이니 손으로 만진다. 이번엔 입, 이마에 여러 번 붙이니 몸을 돌려 엄마에게 간다. 지민이 얼굴에도 노래를 하며 붙여주니 스티커를 떼어낸다.

6단계
 	
3월 7일(목)
	09:00
	～
	귀가
		엄마! 다녀오세요～
		
		* 아장반 선생님을 만나요
		* 엄마와 안녕～ 인사하며
		  선생님께 안겨요.
		* 적응 상태에 따라 시간,
		  기간을 조절할 수 있어요.
			교실에서 10분 놀이 후 엄마와 인사하고 헤어졌
			다. 지민이는 편안하게 자유 놀이를 시작했다.
			아장아장 걸음마도 걷고 비행기를 슝～! 타고
			몸 놀이를 하자 얼굴에 웃음이 가득하다.

종합평가			한 달 정도 타 어린이집 생활의 경험을 가지고 있으며 순한 기질로 보인다. 성격이 밝고, 가족 구성원이 많아서인지 크게 낯을 가리거나 성인과의 관계에서도 어려움 없이 잘 지내고 적응을 쉽게 할 수 있었던 것 같다. 적응 첫날부터 안정적으로 생활하였다. (성격 밝고 명랑함 습관 - 기분이 좋으면 팔과 파리를 많이 움직임. 좋아하는 음식 - 가리지 않고 다 잘 먹음. 사과, 바나나, 포도, 고구마, 단호박, 삶은 감자 등)

♡ 적응 프로그램에 대한 만족도 조사 ♡

본 어린이집에서는 적응 프로그램에 대한 부모님의 의견을 듣고자 하오니 작성 부탁드립니다.

아동 성별 :　　□ 여　　　□ 남	아동 연령 :　만　　세
어린이집에 다녀본 경험 :　□ 있다　　□ 없다	출생 순위 : □ 첫째　□ 둘째　□ 셋째
적응 프로그램에 참여한 양육자 :　□ 엄마　□ 아빠　□ 조부모　□ 그 외(　　　　　　　)	

다음 문항을 읽고 본인의 생각과 가까운 곳에 체크해 주세요.

구분	평 가 내 용	평 가		
		만족	보통	부족
어린이집 운영	1. 어린이집 운영 철학, 보육 목표, 운영 내용 등에 대한 운영 방침을 체계적으로 안내받았다.	○	△	×
	2. 신입 원아의 적응을 위한 과정이 체계적으로 진행되었다.	○	△	×
	3. 발달을 지원하는 다양한 놀이 및 활동 자료가 준비되어 있다.	○	△	×
	4. 영유아의 자유놀이가 충분히 이루어지도록 한다.	○	△	×
	5. 영유아가 편안한 분위기에서 일상 경험을 할 수 있도록 운영한다.	○	△	×
교사 환경	1. 교사는 영유아를 존중한다.	○	△	×
	2. 교사는 영유아가 좋아하는 놀이와 주도적 활동을 격려한다.	○	△	×
	3. 교사는 놀이상황을 관찰하며 놀이와 관련된 상호작용을 한다.	○	△	×
	4. 영유아가 일상에서 자신의 의견 생각을 또래와 나눌 수 있도록 격려한다.	○	△	×
	5. 영유아간 다툼이나 문제가 발생할 경우 다양한 해결 방식을 사용한다.	○	△	×
	6. 영유아의 발달을 지원하는 놀잇감을 준비한다.	○	△	×

♡ 1학기 학부모 상담 안내문 ♡

새 학기 어린이집 적응 기간이 마무리되었습니다.
귀 자녀의 어린이집 생활에 대한 안내와 양육환경을 이해하기 위해 개별상담을 실시할 예정이오니,
학부모님의 참여를 부탁드리며 아래와 같이 상담 일정을 안내해 드립니다.

1. 상담 기간 - 2020년 5월 6일(수) ~ 5월 15일(금)
   ▶ 오감반 - 2020년 5월 6일(수) ~ 5월 8일(금) 3일간
   ▶ 발달반 - 2020년 5월 11일(월) ~ 5월 13일(수) 3일간
   ▶ 오터치반 - 2020년 5월 14일(목) ~ 5월 15일(금) 2일간

2. 상담 시간 및 장소
   ▶ 시간일정 - 5시, 5시 20분, 5시 40분, 6시 4차례
   ▶ 장   소 - 각 반 교실. 담임교사와 20분간

3. 상담 주제
   ▶ 자녀 양육에 관한 모든 것(습관, 성격, 부모와의 관계 등)
   ▶ 사전 상담지 내용에 관한 것(상담을 원하시는 내용을 미리 적어주시면 효과적인 상담이 이루어집니다.)
   ▶ 어린이집 교실 활동 상담과 이해

4. 기타
   ▶ 부득이한 사정으로 방문이 어려우실 경우, 전화 상담 및 개별 일정도 가능하오니 미리 어린이집으로 연락을 주시기 바랍니다.
   ▶ 상담 기간 중 가능한 시간을 2개 정도 선택해주시면 다른 부모님과 시간을 결정하는데 많은 도움이 됩니다.
   ▶ 최종 상담 일정은 다시 공지해 드리겠습니다.

- 절 취 선 -

* 시간은 5시, 5시 20분, 5시 40분, 6시로 각 20분간 이루어집니다.
* 수첩에 내일까지 넣어 보내주세요.

반 이름 _____

오감반	6일	7일	8일
1차 희망시간			
1차 희망시간			
전화 상담일 경우 그 사유와 시간을 적어서 보내주세요.			
그 외 개별 일정 상담 일정을 원하시는 분은 작성해주세요.			

♡ 2학기 학부모 상담 안내문 ♡

안녕하세요? 2학기 귀 자녀의 어린이집 생활과 발달에 대한 이해를 돕기 위해
학부모 상담을 실시할 예정이오니, 많은 참여를 부탁드리며,
상담 일정은 아래와 같습니다.

1. 상담 기간 - 2020년 10월 6일(화) ~ 10월 16일(금)
   ▶ 오감반 - 2020년 10월 7일(화) ~ 10월 8일(목) 3일간
   ▶ 발달반 - 2020년 10월 12일(월) ~ 10월 14일(수) 3일간
   ▶ 오터치반 - 2020년 10월 15일(목) ~ 10월 16일(금) 2일간

2. 상담 시간 및 장소
   ▶ 시간일정 - 5시, 5시 20분, 5시 40분, 6시 4차례
   ▶ 장   소 - 각 반 교실. 담임교사와 20분간

3. 상담 주제
   ▶ 표준보육과정에 의거한 현재의 발달단계 이해와 상담
   ▶ 사전 상담지 내용에 관한 것(상담을 원하시는 내용을 미리 적어주시면 효과적인 상담이 이루어집니다.)
   ▶ 어린이집 교실 활동 상담과 이해

4. 기타
   ▶ 부득이한 사정으로 방문이 어려우실 경우, 전화 상담 및 개별 일정도 가능하오니 미리 어린이집으로 연락을 주시기 바랍니다.
   ▶ 상담 기간 중 가능한 시간을 2개 정도 선택해주시면 다른 부모님과 시간을 결정하는데 많은 도움이 됩니다.
   ▶ 최종 상담 일정은 다시 공지해 드리겠습니다.

- 절 취 선 -

* 시간은 5시, 5시 20분, 5시 40분, 6시로 각 20분간 이루어집니다.
* 수첩에 내일까지 넣어 보내주세요.

반 이름 _____

오감반	7일	8일	9일
1차 희망시간			
1차 희망시간			
전화 상담일 경우 전화상담 글자와 시간을 함께 적어주세요.			
개별 일정 상담 요일 -			

♡ 1학기 부모 상담에 대한 사전 상담지 ♡

만 0세반   이름 :

양육환경	1. 주 양육자와 보조 양육자는 누구입니까?
	2. 현재 같이 살고 있는 가족 구성원은 누구입니까?
	3. 가정에서 하는 사교육은 무엇입니까?
개별적특성	4. 가정에서의 식습관은 어떻습니까? ① 바르게 먹는다. ② 잘 안 먹는다. ③ 돌아다니며 먹는다. ④ 따라다니며 먹여준다.
	5. 자녀의 특징적 습관은 무엇입니까? ex) 엄마 가슴을 만지며 잔다, 손가락을 빤다. 등
	6. 우리 아이가 좋아하는 것은 무엇입니까? ① 음 식: ② 장난감: ③ 기 타:
	7. 수면방법과 수면습관은 어떻습니까? ① 자는 시간과 일어나는 시간이 규칙적이다. ② 불규칙적이다. ③ 수면방법
어린이집생활	8. 어린이집에 가는 일을 즐거워합니까? ① 아주 좋아한다. ② 좋아한다. ③ 가끔 가기 싫어한다. ④ 기타
	9. 자녀 양육 시 어려운 점이나 상담하기 원하는 내용은 무엇입니까?

♡ 1학기 학부모 상담 일정표 안내 ♡

학부모님께

1학기 개별상담 일정을 안내해 드립니다.
상담을 통해 어린이집과 가정이 연계된 질 높은 양육과 보육이 이루어지도록 노력하겠습니다.

▶ 오감반 상담 기간
　　2020년 5월 6일(수) ~ 5월 8일(금)

상담일정표예시

오감반	6일(수)	7일(목)	8일(금)
5시	○○○		○○○
5시 20분	○○○(전화상담)	○○○	
5시 40분		○○○	
6시	○○○		○○○

* 부득이 상담 시간이 변경될 경우는 비어있는 시간으로 이동이 가능하오니,
　어린이집으로 연락 주시기 바랍니다.

오터치 오감발달어린이집

2019년 2학기
상담 포트폴리오

반 명		이름(개월수)		관찰기간		담 임		원 장	

사회관계영역

활 동 명	나의 이름에 반응해요.
활동 목표	내 이름을 듣고 반응할 수 있다.
활동 영역	사회관계 〉 나를 알고 존중하기 〉 나의 것 인식하기 〉 자기 이름을 부르는 소리에 반응한다.
관찰 내용	교사가 놀이를 하며 이름을 부르니 예린이가 자신의 이름에 반응하여 선생님을 쳐다보며 두 눈을 동그랗게 뜬다. 자신의 이름을 인식하고 있다.
교사 지원	다양한 소리와 차이를 알 수 있도록 소리 교구를 지원하고 나의 것을 인식하는 확장 활동을 지원한다.

예술경험영역

활 동 명	둥둥둥 두드려요.
활동 목표	두드려서 나는 악기 소리에 흥미를 갖는다.
활동 영역	예술경험 〉 아름다움 찾아보기 〉 예술적 요소에 호기심 가지기 〉 주변의 소리와 움직임에 호기심을 갖는다.
관찰 내용	교사의 말소리에 맞춰 악기를 두드려주었더니 교사를 바라보며 자신도 따라서 북을 두드린다. 친구의 북소리에 호기심을 가지고 한참을 바라보기도 하였다. 곧 교사의 리듬에 다시 북을 치며 놀이를 하였다.
교사 지원	예술적 표현활동의(악기, 역할 교구 등) 움직임, 소리 표현 경험을 가지도록 활동을 지원한다.

의사소통영역

활 동 명	입체 그림책을 보아요.
활동 목표	입체 모양의 그림책에 관심을 갖는다.
활동 영역	의사소통 〉 읽기 〉 그림책과 환경 인쇄물에 관심 가지기 〉 읽어주는 짧은 그림책에 관심을 가진다.
관찰 내용	교사가 입체 그림책을 읽어주며 반복적 어휘를 사용하며 읽어주었다. 교사의 말과 느낌을 흉내 내며 책에 관심을 보였다. 각각 펼쳐지는 그림책을 보며 즐거워했다.
교사 지원	다양한 그림책과 소리책을 이용해 주변에서 들리는 말소리와 말소리가 아닌 것을 구분하도록 지원한다.

신체운동영역

활 동 명	밀차를 잡고 걸어요.
활동 목표	밀차를 잡고 걸어서 이동을 해본다.
활동 영역	신체운동 〉 신체조절과 기본운동하기 〉 기본운동하기 〉 기기, 걷기 등 이동 운동을 시도한다.
관찰 내용	지호가 밀차를 이용해 이동 운동을 했다. 밀차를 밀며 이동하고 한 걸음씩 이동할 때 교사의 격려에 시선을 주며 환하게 웃었다. 한참 동안 이동 운동이 이루어졌다.
교사 지원	교실 바닥에 그림 붙이기, 멀리서 흥미 있는 놀잇감을 보여주며 이름 부르기 등 이동운동이 되도록 지원한다.

기본생활영역

활 동 명	선생님에게 안겨 우유를 먹어요.
활동 목표	정서적으로 안정감을 가지고 우유를 먹는다.
활동 영역	기본생활 〉 건강하게 생활하기 〉 즐겁게 먹기 〉 편안하게 우유를 안겨서 먹는다.
관찰 내용	교사와 눈을 마주 보며 분유를 먹는다. 교사가 '맛있어?'하고 물으니 눈을 맞추며 만족한 표정을 보였다. 교사가 '많이 먹고 튼튼해져라〜'하며 웃어주니 편안하게 분유를 먹었다.
교사 지원	건강한 생활을 위해 정서적 안정을 갖도록 지속적으로 지원한다.

자연탐구영역

활 동 명	소프트 블록을 쌓아보아요.
활동 목표	블록을 쌓으며 탐색하고 호기심을 갖는다.
활동 영역	자연탐구 〉 탐구하는 태도 기르기 〉 탐색 시도하기 〉 주변의 사물에 대해 의도적인 탐색을 시도한다.
관찰 내용	교사가 블록의 모양과 느낌을 이야기하고 지호와 함께 만져보았다. 지호는 블록을 쌓아 올리며 탐색을 하였고 교사의 시범을 그대로 모방하며 함께 쌓기 활동을 하였다.
교사 지원	다양한 활동을 통해 수량, 공간, 규칙성 등 수학적인 탐구 활동을 다양하게 통합 연계한다.

♡ 2019년 1학기 부모 상담 일지 ♡

면담 일자 : 20 . . .

영아 명(만 0세반)	박지호(개월수)	면담 방법	(전화), (방문)
생년월일	20 . .	면 담 자	

사전 상담지를 통한 상담 내용

1. 친구들을 자꾸 물어요.

부모: 또래 친구들과 집에서 놀 때 나 사촌들이 와서 놀 때 잘 놀다가 입으로 친구를 깨물어요.
왜 그러는지 모르겠어요.
저도 화가 나고 엄마들하고도 서먹해져요

교사: 통상 1~2세에는 이가 근질거릴 때 나타나며 영아에게는 무는 감각을 익히는 경험이기도 합니다.
하지만 습관적으로 무는 행동을 방치해서는 안 됩니다.
처음에는 무는 것이 나쁜 행동인지 모르며 의사 표현이자 놀이의 일종이며 관심을 끌기 위한 행동입니다.
뜨거운 것을 만지면 안 되는 것을 가르치듯이 아이들은 부모로부터 해도되는 것과 안 되는 것을 배웁니다.
약하게 무는 건 되고 세게 무는 건 안 되는 것이 아닌 일관성 있게 이야기해주세요.
이야기할 때는 상황을 읽어주시고 무는 행동은 안 된다는 것을 알려 주세요.
엄마의 표정과 분위기로 안 되는 것을 배우게 됩니다.

출처: 삐뽀삐뽀119소아과 그린비

2. 어린이집에서는 어떤 놀이를 좋아하나요?

어린이집 일과에 따른 행동 관찰 상담 내용

교사: 신체운동 영역
어린이집 활동 중에는 쌓기 놀이에 관심을 보입니다.
2, 3개 정도의 쌓기가 가능하고, 함께하면 더 높이 올리기도 합니다.
기본생활 영역
간식, 식사 시간을 좋아해서 식사 준비 노래를 부르면 책상에 앉아 간식을 기다립니다.
활동량이 많아 즐겁게 먹고 양껏 잘 먹습니다.
의사소통 영역
교사가 하는 말을 잘 알아듣고 장난감을 제자리에 둡니다.
책을 가지고 와서 읽기를 같이 하며 교사의 입을 쳐다보기도 합니다.

부모: 집에서처럼 너무 선생님을 힘들게 하는 건 아닌지 걱정했는데 선생님의 말씀에 마음이 조금 가벼워졌습니다.
감사합니다.

종합 의견	엄마가 양육에 도움을 필요로 한다. 발달에 대한 안내를 더 많이 해서 지호의 행동이 성장 과정임을 알려드려야 할 것 같다. 어린이집 생활을 잘하고 있음에 마음 편하게 생각하셨으며 지호의 호기심과 활동적인 기질에 맞춰 보육과정을 준비해야 할 것 같다. 상담 내내 어머니가 적극적으로 이야기해주시고 관심을 보여 주셨다.

평 가

1. 부모님 면담 분위기	①매우 좋음 ②좋음 ③보통 ④나쁨 ⑤매우 나쁨
2. 면담에 대한 부모님 만족(반응)	①매우 좋음 ②좋음 ③보통 ④나쁨 ⑤매우 나쁨
3. 상담에 대한 교사의 준비도	①매우 좋음 ②좋음 ③보통 ④나쁨 ⑤매우 나쁨

♡ 1학기 어린이집 만족도 조사 ♡

실시일	20 년 1학기	연령	만 세		반	이름

영아들과 만나 생활한 지 벌써 한 학기가 다 되어갑니다.

감사했던 한 학기를 마무리 지으면서 부모님들의 의견을 듣고자 설문지를 마련하였사오니 많은 협조와

관심을 부탁드립니다. 만족스러운 것들은 저희가 감사함으로 듣고 미흡한 부분은 수정 보완하도록 하겠습니다.

영역	내 용	평 가		
		만족	보통	부족
환경 운영	영유아용 가구와 설비가 갖추어져 있다.			
	어린이집의 운영 방침과 정보 안내에 만족한다.			
	교사 대 영유아 비율을 준수한다.			
	어린이집을 개방하며 다양한 부모 참여와 교육이 이루어진다.			
	가정과 다양한 방법으로 소통하고 정기적인 면담을 실시한다.			
	영아의 긍정적인 행동 지도를 위해 부모와 협의한다.			
	영아의 발달 특성과 변화를 부모에게 다양한 방법으로 안내한다.			
	하루일과 보육프로그램에 만족한다.			
상호 작용	놀이와 활동이 영아의 자발적 선택에 의해 주도적으로 이루어지도록 한다.			
	등원 시 교사가 영유아를 존중하고 반갑게 맞이한다.			
	하원 시 하루의 일과에 대해 잘 안내한다.			
	영아들의 다툼이나 문제가 발생할 경우 다양한 해결 방식을 사용한다.			
건강 영양	실내 공간이 청결하다. (교실, 화장실, 놀잇감)			
	급, 간식 내용에 만족한다. (식단 제공)			

안전	아프거나 다친 영유아의 보호 및 건강관리가 잘 이루어진다.			
	영유아를 위한 안전교육이 적절히 이루어진다.			
	영유아를 위한 인계 과정을 준수한다.			
	영유아를 위한 안전한 차량 운행을 준수한다.			

✎ 한 학기를 마치며 당부하고 싶은 이야기

만 1세 신입 원아
적응 프로그램

신입 원아 적응 프로그램과 부모 상담 연간 일정(예시)

번호	행사명	실시월	세부준비사항
1	신입 원아 적응	3월	1. 연령별 적응 프로그램/ 5일 기준/ 5개 영역 포함 2. 적응관찰일지 작성 3. 적응 프로그램에 대한 부모 만족도 조사
2	1학기 부모상담 사전 준비	4월	1. 3월~4월 상담을 위한 관찰일지 작성 / 6개 영역 / 영아 관찰일지 2. 사전 상담지 준비 및 작성 3. 반별 상담 일정표 계획해서 학부모 배부 4. 가정통신(상담 안내문 시기, 시간, 방법, 장소)
3	1학기 부모상담	5월	1. 포트폴리오 작성 / 6개 영역 2. 사전 상담지와 관찰을 통한 내용을 바탕으로 상담 내용선정 3. 상담을 통한 개별 면담지 작성 4. 가정통신문(상담 종료한 내용)
4	1학기 부모 참여수업	6월	1. 교사회의 결정 (세부- 행사명, 프로그램, 장소, 시간, 구체업무분담) 2. 가정통신문(행사내용, 참여/불참 확인) 3. 행사/행사 후 만족도 조사 설문지 보내기
5	1학기 관찰일지	7월	1. 표준보육과정에 따른 영아 관찰일지 2. 1학기 만족도 설문지 배부 회신
6	2학기 부모 참여수업	10월	1. 교사회의 결정(1학기 만족도 조사를 바탕으로 행사계획) 2. 가정통신문(행사내용, 참여/불참 확인) 3. 행사/행사 후 만족도 조사 설문지 보내기
7	2학기 부모상담 사전 준비	11월	1. 2학기 상담을 위한 포트폴리오 준비 및 작성 2. 반별 상담 일정표 계획해서 학부모 배부 3. 가정통신(상담 안내문 시기, 시간, 방법, 장소)
8	2학기 부모상담	12월	1. 상담을 위한 포트폴리오 작성 2. 관찰을 통한 내용을 바탕으로 상담 내용선정 3. 상담을 통한 개별 면담지 작성 4. 가정통신문(상담 종료한 내용)
9	2학기 관찰일지	다음 해 1월	1. 2학기 어린이집 만족도 조사

만 1세 신입 원아
적응 프로그램 개요

영아가 부모와 헤어져 교사에게 안정감을 느끼고 어린이집 생활에 불안해하지 않고 편안하게
느끼도록 체계적인 프로그램을 통해 적응을 돕고 있습니다. 이 프로그램을 통해 교사와 친구들
에게 친밀감을 느끼고 신뢰감을 형성하여 어린이집 생활을 즐겁게 할 수 있도록 합니다.

적응 프로그램

1단계	인사 나누기

* "○○야 반가워."
  엄마와 함께 선생님과 인사를 나누어요.

* "여기는 어디일까?"
  엄마와 함께 반을 잠시 둘러보아요.

2단계	둘러보기

* "무엇이 있을까?"
  어린이집에 있는 다양한 공간을 둘러보아요.

* "엄마와 같이 놀아요."
  내가 좋아하는 놀잇감으로 엄마와 함께 놀이해요.

3단계	친해지기

* "엄마 다녀오세요."
  엄마와 인사를 나눈 후 교사에게 안정을 찾아요.

* "선생님과 함께 놀아요"
  관심을 보이는 놀잇감을 가지고 교사와 함께 놀이해요.

4단계	냠냠 점심 먹기

* "친구야! 같이 놀자."
  즐거운 놀잇감으로 또래 친구들과 함께 놀이해요

* "냠냠 점심을 먹어요."
  편안한 분위기 속에서 맛있는 점심을 먹어요.

5단계	편안히 쉬기

* "자장자장! 쿨쿨"
  편안한 분위기 속에서 휴식을 취해 보아요.

* "포근함을 느껴요."
  선생님 목소리를 들으며 안정을 취해요.

6단계	일과 적응하기

* "씩씩하게 등원해요."
  웃는 얼굴로 씩씩하게 인사를 나누며 등원해요.

* "즐거워요~편안해요."
  하루 일과의 흐름을 알고 즐겁게 하루를 보내요.

개별 상황을 고려한 단계별 적응 프로그램

프로그램	1단계 어린이집 탐색	2단계 선생님과 놀아요	3단계 맛있는 이유식 · 분유(우유) 먹기	4단계 낮잠을 잘 수 있어요	5단계 편안하게 놀이해요	6단계 엄마 다녀오세요~
1주	1일	2일	3일	4일	5일	6일
2주	1~2일째	3~4일째	5~6일째	7~8일째	9~10일째	11일째
3주	1~3일째	4~6일째	7~9일째	10~12일째	13~15일째	16일째

만 1세 신입 원아
적응 프로그램 활동 계획

담 임	원 장

만 1세 반

(2020.   .   ~   .   )

단계/기간	시간	주제/목표	활 동 내 용
1단계(일) 월 일( ) ~ 월 일( )	09:00 ~ 10:30	**인사 나누기** * 엄마 품에서 선생님과 인사 나눠요. * 엄마와 함께 나의 반 잠시 둘러보아요.	* **활동명** : 인사해요 * **영역(범주)** : 사회관계 〉 더불어 생활하기 〉 사회적 가치를 알기 〉 만나고 헤어지는 인사를 해본다. * **활동방법** : ① 강아지와 고양이 그림을 나뭇젓가락에 붙여 준다. 　　　　② 강아지와 고양이 소리를 들려준다. 　　　　③ 강아지와 고양이에게 '안녕' 인사할 수 있게 한다.
2단계(일) 월 일( ) ~ 월 일( )	09:00 ~ 11:30	**둘러보기** * 어린이집에 있는 다양한 공간을 둘러보아요. * 내가 좋아하는 놀잇감으로 엄마와 함께 놀아요.	* **활동명** : 누구일까요? * **영역(범주)** : 의사소통 〉 말하기 〉 표정과 소리로 의사표현을 한다 〉 표정, 몸짓, 말소리로 의사표현을 한다. * **활동방법** : ① 동물들의 울음소리를 들으며 그림과 맞추어 본다. 　　　　② 엄마동물과 아기동물을 짝지어 찾아 본다. 　　　　③ 동물들의 소리를 흉내내고 비슷한 소리의 악기활동을 한다.
3단계(일) 월 일( ) ~ 월 일( )	09:00 ~ 12:00	**친해지기** * 엄마와 인사를 나눈 후 교사에게 안정을 찾아요. * 관심을 보이는 놀잇감을 가지고 교사와 놀이해요.	* **활동명** : 생일 축하 놀이를 해요 * **영역(범주)** : 예술경험 〉 예술적 표현하기 〉 모방 행동 즐기기 * **활동방법** : ① 모형 케이크를 제공하여 영아가 케이크를 탐색하도록 한다. 　　　　② 모형 케이크로 생일 축하 놀이를 한다.
4단계(일) 월 일( ) ~ 월 일( )	09:00 ~ 1:00	**냠냠 점심 먹기(즐거운 시간)** * 즐거운 놀잇감으로 또래 친구들과 함께 놀이해요. * 친구들과 맛있는 점심 먹어요.	* **활동명** : 찰찰찰 칭칭칭(악기 소리) * **영역(범주)** : 자연탐구 〉 탐구하는 태도 기르기 〉 탐색시도하기 〉 주변의 주변의 사물에 대해 의도적인 탐색을 시도한다. * **활동방법** : ① 다양한 리듬 악기를 탐색하고 소리를 듣는다. 　　　　② 영아가 리듬 악기를 흔들며 소리를 내어보고 노래에 맞춰 흔들어 볼 수 있도록 지원한다.
5단계(일) 월 일( ) ~ 월 일( )	09:00 ~ 3:30	**편안히 쉬기(신나는 놀이1)** * 신나는 놀이를 해요. * 선생님 목소리를 들으며 편하게 쉬어요.	* **활동명** : 흔들흔들 리본막대 * **영역(범주)** : 신체활동 〉 감각과 신체 인식하기 〉 신체 탐색하기 * **활동방법** : ① 리본 막대를 탐색하고 흔들어 볼 수 있도록 지원한다. 　　　　② 다양한 방향으로 몸을 움직여 리본막대를 흔들어 본다. 　　　　③ 음악에 맞춰 리본 막대를 마음대로 흔들어 본다.
6단계(일) 월 일( ) ~ 월 일( )	09:00 ~ 귀가	**일과 적응하기(신나는 놀이2)** * 씩씩하게 등원하고 신나게 놀이해요. * 하루 일과의 흐름을 알고 즐거운 하루를 보내요.	* **활동명** : 곰 세마리 * **영역(범주)** : 사회관계 〉 더불어 생활하기 〉 안정적인 애착형성하기 〉 조절하기 〉 주변의 친숙한 사람에게 애정을 표현한다. * **활동방법** : ① 곰 세 마리 노래를 부르며 그림교구를 탐색한다. 　　　　② 곰세마리 노래를 부르며 촉감놀이, 크기, 일대일 대응 등의 활동을 한다. 　　　　③ 스티커 활동과 악기연주도 지원한다.
종합평가			

만 1세 신입 원아 적응 프로그램 실제

활동 1 인사해요	**목 표** 만나고 헤어지는 인사를 한다.

내용 범주	사회관계 〉 더불어 생활하기 〉 사회적 가치를 알기 〉 만나고 헤어지는 인사를 해본다.
준 비 물	STEP1 CD, 강아지 · 고양이 그림, 굵은 하드바 (나무젓가락)
챈트&노래	강아지가 인사해요 멍멍멍 / 고양이가 인사해요 야~옹 야~옹 야~옹 야~옹 룰루 친구 인사해요~ 안녕! 안녕!
상호작용 (예시)	**의도적 질문** : 강아지가 인사하네. 어떻게 인사할까? **경청** : 강아지 인형을 만지는구나. (그림을 보고 있구나 등) **공감** : 강아지가 귀엽게 생겼지~ 부드럽지. 안아주고 싶구나. **인정** : 강아지 좋아하네. 강아지랑 인사 나눠볼까? 　　　　강아지야 안녕~ 내일 또 만나.

활동 2 누구일까요?	**목 표** 몸짓, 말소리로 동물 흉내를 내본다.

내용 범주	의사소통 〉 말하기 〉 표정, 몸짓, 말소리로 말하기 〉 표정, 몸짓, 말소리로 의사 표현을 한다.
준 비 물	STEP1 CD, 동물농장 그림판, 동물 스티커, 악기(탬버린, 귀로, 드럼 등)
챈트&노래	아기 오리 꽉꽉꽉 엄마 찾아 꽉꽉꽉 아기 염소 매애 매애 매애 매애 엄마 찾아 매~애 아기 돼지 꿀꿀꿀 엄마 찾아 꿀꿀꿀 송아지는 음~머 엄마 찾아 음~머
상호작용 (예시)	**의도적 질문** : 이게 무슨 소리야? 동물친구야? 이 아기엄마는 누구야? **경청** : 엄마 오리랑 아기 오리가 만났네. **공감** : 응, 염소한테 엄마 찾아주어서 기분이 좋구나. **인정** : 동물 친구들이 엄마랑 같이 만났구나. 　　　　선생님은 ○○이 만나서 정말 기뻐. ○○이는 이따가 엄마 만나자.

QR코드를
찍어보세요.

활동 3	생일 축하 놀이를 해요	목 표	모형케이크로 축하놀이를 하며 즐긴다.

내용 범주	예술경험 〉 예술적 표현하기 〉 모방 행동 즐기기 〉 단순한 모방 행동을 놀이처럼 즐긴다.
준 비 물	STEP1 CD, 모형 케이크 모형 칼, 접시, 모형 초
챈트&노래	축하 축하합니다.~ 축하 축하합니다.~ 사랑하는 우리 친구 만나서 반가워~
상호작용 (예시)	**의도적 질문** : 케익이 있네~ 어떻게 할까? **경청** : 케이크에 과일을 올렸네~ **공감** : 맛있는 케이크 먹고 싶구나. 축하 축하 하고 싶었어~? **인정** : 같이 축하합니다. 해볼까? 그래 같이 해보자.

QR코드를
찍어보세요.

활동 4	악기놀이	목 표	다양한 악기 소리를 듣고 어떤 악기인지 안다.

내용 범주	자연탐구 〉 탐구하는 태도 기르기 〉 탐색시도하기 〉 주변의 사물에 대해 의도적인 탐색을 시도한다.
준 비 물	STEP1 CD, 마라카스, 탬버린, 트라이앵글, 캐스터네츠, 동물 그림(원숭이, 곰돌이, 뱀, 개구리)
챈트&노래	콩콩콩 아기곰 찰찰찰찰찰찰 찰찰찰찰 찰찰이 어그적 어그적 원숭이 칭칭칭칭칭칭 칭칭칭칭 칭칭이 폴짝폴짝 개구리 짝짝짝짝짝짝짝짝 짝짝짝 짝짝이 슈욱슈욱 아기 뱀 슉슉슉슉 슉슉슉 슉슉슉슉 슉슉이 다 같이 연주해
상호작용 (예시)	**의도적 질문** : 이게 무슨 소리야? 이건 누구야? 어떻게 움직였어? **경청** : 곰돌이처럼 콩콩콩 하는구나. 재미있는 소리가 들려? **공감** : 찰찰이가 그 악기 소리라고 생각했구나. 　　　　무슨 소리일까 궁금하구나. **인정** : 악기마다 다른 소리가 나서 재미있었구나. 　　　　선생님도 같이 슉슉슉~ 짝짝짝 악기 소리 내보자~

QR코드를
찍어보세요.

흔들흔들 리본 막대 | **목 표** | 리본 막대를 다양하게 흔들어 본다.

내용 범주	신체 운동 〉 감각과 신체 인식하기 〉 신체 탐색하기 〉 주요 신체 부분의 움직임을 탐색한다.
준 비 물	STEP1 CD, 리본 막대, 동물 그림 (나비, 달팽이, 뱀, 개구리)
챈트&노래	폴짝폴짝 개구리x2 폴짝폴짝 폴짝폴짝 / 빙글빙글 달팽이x2 빙글빙글 빙글빙글 팔랑팔랑 나비x2 팔랑팔랑 팔랑팔랑 / 꼬불꼬불 아기 뱀x2 슈르르르륵
상호작용 (예시)	**의도적 질문** : 어떻게 흔들거야? 작게(크게) 흔들어 볼까? **경청** : 흔들흔들 리본 막대를 흔드는구나. **공감** : 리본 막대 놀이를 해보고 싶구나. **인정** : 팔을 벌려 움직이니 나비(비행기) 같구나. 　　　　그렇게 움직일 수 있구나. 선생님도 따라 해 볼게.

QR코드를
찍어보세요.

곰 세 마리 | **목 표** | 친숙한 노래를 통해 주변 사람에게 애정을 표현한다.

내용 범주	사회관계 〉 더불어 생활하기 〉 안정적인 애착형성하기 〉 주변의 친숙한 사람에게 애정을 표현한다.
준 비 물	STEP1 CD, 북, 커다란 집 모양, 곰 세 마리 스티커
챈트&노래	아빠 곰은 쿵쿵쿵. 엄마 곰은 쿵쿵쿵. 아기 곰은 아장아장 걸음마 한 집에 살아요 (곰세마리)
상호작용 (예시)	**의도적 질문** : 이 집에는 누가 살까? 아빠는 어떻게 걸어갈까? 등 **경청** : 책에서 곰돌이 가족을 보고 있네~ **공감** : "엄마곰(아빠곰) 사랑해요." 했구나. 　　　　"사랑해요." 하니까 기분이 좋구나. **인정** : 선생님도 OO이 사랑해요. 　　　　곰돌이 가족 집에서 꺼내서 인형 놀이 해볼까? 　　　　아빠곰은 어떻게 걸어가나? 　　　　(놀이의 진행에 따라 영아의 놀이를 방해하지 않는 범위에서 　　　　눈이 마주칠 때 제안하거나 지원하는 상호작용을 시도한다.)

QR코드를
찍어보세요.

♡ 만 1세 신입 원아 적응 프로그램 관찰일지 ♡

기 간	03월 4일 (월) ~ 3월 29일 (금)

이 름		나 이 반 명	만1세/ 반	담 임		원 장	

요일	시간	내용	관 찰 일 지
1단계 3월 4일(월) ~ 3월 8일(금)	09:00 ~ 10:00	**친구들과 인사 나누기** * 엄마 품에서 선생님과 인사 나눠요. * 엄마 품에 안겨 보육실을 둘러보아요.	엄마의 손을 잡고 등원한 호영이는 인사를 하는 교사에게 인사를 하면서도 엄마에게 꼭 붙어있었다. 보육실의 다양한 놀잇감에 호기심을 보이며 엄마와 함께 이것저것 탐색하였다. 교사가 다가가면 약간의 경계심을 보이면서도 놀잇감에는 호기심을 보였다.
2단계 3월 11일(월) ~ 3월 13일(수)	09:00 ~ 11:00	**둘러보기** * 선생님과 인사 나눠요. * 엄마, 선생님과 함께 놀아요. * 선생님께 안겨보아요.	호기심이 많고 적극적인 호영이는 놀잇감을 탐색하기에 바빴다. 또한 모든 활동을 스스로 해 보려 시도하는 모습도 자주 보였다. 교사가 인사를 하면 고개를 숙이고 엄마 품에 파고드는 모습을 보였다. 동물 퍼펫을 보여 주었더니 교사 무릎에서 잠깐 동물과 인사하는 모습을 보였다.
3단계 3월 14일(목) ~ 3월 15일(금)	09:00 ~ 11:30	**친해지기** * "엄마 다녀오세요"인사 후 교사에게 안정을 찾아요. * 선생님과 함께 놀아요	엄마와 떨어져 혼자 등원하는 연습이 시작되자 호영이는 등원 시 엄마를 찾으며 울었다. 교실로 안고 들어가 옷을 정리해 주며 "선생님이랑 놀다가 엄마 오시면 가자"라고 이야기하면 울면서도 "네"라고 대답했다. 상호작용을 시도하거나 놀이에 집중하게 되면 울음을 그치곤 했다.
4단계 3월 18일(월) ~ 3월 22일(금)	09:00 ~ 12:30	**냠냠 점심 먹기** * "친구야! 같이 놀자" * "냠냠 점심을 먹어요" 편안한 분위기 속에서 맛있는 점심을 먹어요.	점심시간에 돌아다니며 식사를 해 처음에는 교사가 옆에 앉아 먹을 수 있게 도와주었다. 깍두기, 나물 등의 반찬은 입에 넣어주면 뱉었다. 호영이는 고기, 생선 종류의 반찬을 좋아한다. 싫어하는 반찬을 밥과 좋아하는 반찬 사이에 숨겨서 넣어주면 잘 먹었다.
5단계 3월 25일(월) ~ 3월 27일(수)	09:00 ~ 15:00	**편안하게 쉬기** * "자장자장! 쿨쿨" 편안한 분위기 속에서 휴식을 취해 보아요. * "포근함을 느껴요." 선생님 목소리를 들으며 안정을 취해요.	처음에는 불안하여 교사 품에서 잠이 들었지만 며칠 후에는 옆에서 교사가 토닥여주었더니 잠이 들었다. 중간중간 뒤척거릴 때 옆에 교사가 있는지 확인하며 잠이 들었다. 낮잠 자고 일어날 때 기분 좋게 일어나고 엄마가 왔을 때도 울지 않고 엄마를 맞이하였다.
6단계 3월 28일(목) ~ 3월 29일(금)	09:00 ~ 귀가	**일과 적응하기** * "씩씩하게 등원해요" 웃는 얼굴로 씩씩하게 인사를 나누며 등원해요. * "즐거워요~편안해요" 하루 일과의 흐름을 알고 즐겁게 하루를 보내요.	호영이는 등원 시 엄마를 찾긴 하지만 씩씩하게 들어와 친구의 등원 여부를 확인한다. 일단 사물함을 열고 친구들의 사진을 보며 이름을 한 번씩 말한다. 놀이 시 교사의 행동을 적극적으로 따라 하며 참여 한다.
종합평가	밝은 성향의 호영이는 어린이집에 너무도 잘 적응하는 있는 모습을 보여주었다. 무엇보다도 놀이에 적극적으로 참여하며 즐길 줄 아는 모습을 보인다. 처음에는 놀잇감을 던지거나 자신이 원하는 것을 친구가 하고 있으면 소리를 지르며 밀치는 행동을 보이곤 했다. 밝은반 친구들과 친밀감이 생기고 교사와 애착이 형성되면서 그런 모습은 점차 줄어들었고, 교사의 말에 긍정적 행동이 바로 나타나는 편이었다. 또한 자신의 감정을 적극적으로 표현해 호영이는 감정에 소통이 원활했다.		

♡ 적응 프로그램에 대한 만족도 조사 ♡

본 어린이집에서는 적응 프로그램에 대한 부모님의 의견을 듣고자 하오니 작성 부탁드립니다.

아동 성별 : ☐여 ☐남	아동 연령 : 만 세
어린이집에 다녀본 경험 : ☐ 있다 ☐ 없다	출생 순위 : ☐ 첫째 ☐ 둘째 ☐ 셋째
적응 프로그램에 참여한 양육자 : ☐ 엄마 ☐ 아빠 ☐ 조부모 ☐ 그 외( )	

다음 문항을 읽고 본인의 생각과 가까운 곳에 체크해 주세요.

구분	평 가 내 용	평 가		
		만족	보통	부족
어린이집 운영	1. 어린이집 운영 철학, 보육 목표, 운영 내용 등에 대한 운영 방침을 체계적으로 안내받았다.	○	△	✕
	2. 신입 원아의 적응을 위한 과정이 체계적으로 진행되었다.	○	△	✕
	3. 발달을 지원하는 다양한 놀이 및 활동 자료가 준비되어 있다.	○	△	✕
	4. 영유아의 자유놀이가 충분히 이루어지도록 한다.	○	△	✕
	5. 영유아가 편안한 분위기에서 일상 경험을 할 수 있도록 운영한다.	○	△	✕
교사 환경	1. 교사는 영유아를 존중한다.	○	△	✕
	2. 교사는 영유아가 좋아하는 놀이와 주도적 활동을 격려한다.	○	△	✕
	3. 교사는 놀이상황을 관찰하며 놀이와 관련된 상호작용을 한다.	○	△	✕
	4. 영유아가 일상에서 자신의 의견 생각을 또래와 나눌 수 있도록 격려한다.	○	△	✕
	5. 영유아간 다툼이나 문제가 발생할 경우 다양한 해결 방식을 사용한다.	○	△	✕
	6. 영유아의 발달을 지원하는 놀잇감을 준비한다.	○	△	✕

♡ 1학기 학부모 상담 안내문 ♡

새 학기 어린이집 적응 기간이 마무리되었습니다.
귀 자녀의 어린이집 생활에 대한 안내와 양육환경을 이해하기 위해 개별상담을 실시할 예정이오니,
학부모님의 참여를 부탁드리며 아래와 같이 상담 일정을 안내해 드립니다.

1. 상담 기간 – 2020년 5월 6일(수) ~ 5월 15일(금)
   ▶ 오감반 – 2020년 5월 6일(수) ~ 5월 8일(금) 3일간
   ▶ 발달반 – 2020년 5월 11일(월) ~ 5월 13일(수) 3일간
   ▶ 오터치반 – 2020년 5월 14일(목) ~ 5월 15일(금) 2일간

2. 상담 시간 및 장소
   ▶ 시간일정 – 5시, 5시 20분, 5시 40분, 6시 4차례
   ▶ 장   소 – 각 반 교실. 담임교사와 20분간

3. 상담 주제
   ▶ 자녀 양육에 관한 모든 것(습관, 성격, 부모와의 관계 등)
   ▶ 사전 상담지 내용에 관한 것(상담을 원하시는 내용을 미리 적어주시면 효과적인 상담이 이루어집니다.)
   ▶ 어린이집 교실 활동 상담과 이해

4. 기타
   ▶ 부득이한 사정으로 방문이 어려우실 경우, 전화 상담 및 개별 일정도 가능하오니 미리 어린이집으로 연락을 주시기 바랍니다.
   ▶ 상담 기간 중 가능한 시간을 2개 정도 선택해주시면 다른 부모님과 시간을 결정하는데 많은 도움이 됩니다.
   ▶ 최종 상담 일정은 다시 공지해 드리겠습니다.

------------------------- 절 취 선 -------------------------

＊ 시간은 5시, 5시 20분, 5시 40분, 6시로 각 20분간 이루어집니다.
＊ 수첩에 내일까지 넣어 보내주세요.

_____ 반 이름 _____

오감반	6일	7일	8일
1차 희망시간			
1차 희망시간			
전화 상담일 경우 그 사유와 시간을 적어서 보내주세요.			
그 외 개별 일정 상담 일정을 원하시는 분은 작성해주세요.			

♡ 2학기 학부모 상담 안내문 ♡

안녕하세요? 2학기 귀 자녀의 어린이집 생활과 발달에 대한 이해를 돕기 위해
학부모 상담을 실시할 예정이오니, 많은 참여를 부탁드리며,
상담 일정은 아래와 같습니다.

1. 상담 기간 - 2020년 10월 6일(화) ~ 10월 16일(금)
   ▶ 오감반 - 2020년 10월 7일(화) ~ 10월 8일(목) 3일간
   ▶ 발달반 - 2020년 10월 12일(월) ~ 10월 14일(수) 3일간
   ▶ 오터치반 - 2020년 10월 15일(목) ~ 10월 16일(금) 2일간

2. 상담 시간 및 장소
   ▶ 시간일정 - 5시, 5시 20분, 5시 40분, 6시 4차례
   ▶ 장   소 - 각 반 교실. 담임교사와 20분간

3. 상담 주제
   ▶ 표준보육과정에 의거한 현재의 발달단계 이해와 상담
   ▶ 사전 상담지 내용에 관한 것(상담을 원하시는 내용을 미리 적어주시면 효과적인 상담이 이루어집니다.)
   ▶ 어린이집 교실 활동 상담과 이해

4. 기타
   ▶ 부득이한 사정으로 방문이 어려우실 경우, 전화 상담 및 개별 일정도 가능하오니 미리 어린이집으로 연락을 주시기 바랍니다.
   ▶ 상담 기간 중 가능한 시간을 2개 정도 선택해주시면 다른 부모님과 시간을 결정하는데 많은 도움이 됩니다.
   ▶ 최종 상담 일정은 다시 공지해 드리겠습니다.

-   절 취 선   -

* 시간은 5시, 5시 20분, 5시 40분, 6시로 각 20분간 이루어집니다.
* 수첩에 내일까지 넣어 보내주세요.

반 이름 _____

오감반	7일	8일	9일
1차 희망시간			
1차 희망시간			
전화 상담일 경우 전화상담 글자와 시간을 함께 적어주세요.			
개별 일정 상담 요일 -			

♡ 1학기 부모 상담에 대한 사전 상담지 ♡

만 1세반   이름 :

양육환경	1. 주 양육자와 보조 양육자는 누구입니까?
	2. 현재 같이 살고 있는 가족 구성원은 누구입니까?
	3. 가정에서 하는 사교육은 무엇입니까?
개별적특성	4. 가정에서의 식습관은 어떻습니까? ① 바르게 먹는다. ② 잘 안 먹는다. ③ 돌아다니며 먹는다. ④ 따라다니며 먹여준다.
	5. 자녀의 특징적 습관은 무엇입니까? ex) 엄마 가슴을 만지며 잔다, 손가락을 빤다. 등
	6. 우리 아이가 좋아하는 것은 무엇입니까? ① 음 식: ② 장난감: ③ 기 타:
	7. 수면방법과 수면습관은 어떻습니까? ① 자는 시간과 일어나는 시간이 규칙적이다. ② 불규칙적이다. ③ 수면방법
어린이집생활	8. 어린이집에 가는 일을 즐거워합니까? ① 아주 좋아한다. ② 좋아한다. ③ 가끔 가기 싫어한다. ④ 기타
	9. 자녀 양육 시 어려운 점이나 상담하기 원하는 내용은 무엇입니까?

♡ 1학기 학부모 상담 일정표 안내 ♡

학부모님께

1학기 개별상담 일정을 안내해 드립니다.
상담을 통해 어린이집과 가정이 연계된 질 높은 양육과 보육이 이루어지도록 노력하겠습니다.

▶ 오감반 상담 기간
   2020년 5월 6일(수) ~ 5월 8일(금)

상담일정표예시

오감반	6일(수)	7일(목)	8일(금)
5시	○○○		○○○
5시 20분	○○○(전화상담)	○○○	
5시 40분		○○○	
6시	○○○		○○○

* 부득이 상담 시간이 변경될 경우는 비어있는 시간으로 이동이 가능하오니,
  어린이집으로 연락 주시기 바랍니다.

오터치 오감발달어린이집

2019년 1학기
이호영 상담 포트폴리오

해당월령	만1세(28개월)	관찰기간		작성자		원 장	

기본생활

활 동 명
조물조물 밀가루 반죽으로 똥을 만들어요

활동 목표
밀가루 점토로 똥을 만들어보며 배변 훈련에 관심을 갖는다.

활동 영역
기본생활영역 〉 건강하게 생활하기 〉
건강한 일상생활하기 〉 배변 의사를 표현한다.

관찰 내용
교사가 동화책에서 읽은 동물의 똥을 만들어 주자 호영이가 까르르 웃으며 '달팽이 똥'이라고 따라 말했다. 교사가 "호영이 응가는? 와 큰 똥이다"하고 덩어리를 주며 "튼튼한 응가네" 하고 말했다.
호영이는 변기에 만든 똥을 담으며 "냄새 냄새"하며 코를 잡았다. 교사가 "아 배 아파 선생님도 응가 하고 싶다" 하고 변기에 앉아 "응가 응가 응가~" 해 보이자 호영이가 교사를 밀어내며 자신이 변기에 앉아서 응가 하는 흉내를 냈다. 그리고 일어나서 "선생님 똥똥, 냄새 냄새"라고 말하며 반죽으로 만든 응가를 가리켰다.

교사 지원
점토놀이에서 시작된 놀이가 변기에 앉아 응가 흉내내는 놀이까지 즐겁고 안정된 분위기로 진행되며 영아는 배변에 대한 즐거운 경험을 해 볼 수 있었다. 영아의 배변 욕구 표현을 잘 관찰하여 영아가 부담감없이 배변 의사를 표현하고, 배변 훈련을 시작할 수 있도록 도와야겠다.

활동 명   엉덩이 걸음마

활동 목표   엉덩이를 바닥에 대고 몸을 움직인다.

활동 영역   신체운동 〉 신체활동에 참여하기 〉 몸 움직임 즐기기 〉
           몸의 움직임을 다양하게 시도한다.

관찰 내용   교사가 머리 어깨 무릎 발 노래를 부르고 귀, 코, 엉덩이로 노래를 끝낸 후 엉덩이로 걸어보자고 하자 호영이가
           "엉덩이?"하며 웃었다. 교사가 "영차영차" 엉덩이로 걸으며 먼저 시범을 보이자 재미 있어 했다. "호영이도 해볼
           래?"하며 교사가 앉아 있는 호영이의 손을 뒤로 짚어주었더니 호영이는 생각이 나는지 웃으며 앞으로 걸었다.
           엉덩이와 팔로 걷다가 잘되지 않는지 잠깐 쉬다가 엉덩이만 쭉쭉 밀고 앞으로 갔다.
           "선생님 이것 봐 엉덩이로 쭉쭉 가요"하며 교사를 보고 말하며 웃음을 지었다.

교사 지원   신체의 명칭에 관심을 보이며 놀이하는 영아들에게 영아들의 개인적인 발달수준을 고려한 몸을 움직일 수 있는
           기회를 많이 제공될 수 있는 여러 가지 활동을 구성하여 몸을 활발히 움직이며 다양한 시도를 해 볼 수 있도록
           지원해 주어야겠다.

활 동 명	뽀로로 마을 만들기

활동 목표 도구를 이용한 끼적이기에 관심을 갖는다.

활동 영역 의사소통영역 〉쓰기 〉끼적이기 〉끼적이기에 관심을 갖는다.

관찰 내용 교사가 뽀로로 스티커를 보여 주자 호영이가 손을 뻗으며 좋아한다.
호영이는 뽀로로 스티커를 한참 보더니 "뽀로로 뽀로로"하며 바닥에 붙였다.
교사가 "뽀로로가 사는 숲속 마을을 만들어주자~" 말하며 바닥에 나무를 그려 보이자 호영이가 파란색 색연필을 들고 그림을 그렸다. "호영이 뭐 그렸어요?"라고 교사가 묻자 호영이는 "뽀로로"라고 대답했다. 교사가 "호영이 뽀로로 좋아하는구나"라고 묻자 호영이는 "아니야, 아니야, 에디 에디"라고 말하며 다시 그림을 그리기 시작했다.

교사 지원 끼적이기 활동 중 상황에 맞는 적절한 상호작용(언어, 비언어적 지원)을 통해 영아들이 자신이 인정받고 있음을 느끼며 안정된 분위속에서 활동을 이어갈 수 있도록 지지해 주어야겠다.
또한, 스티커, 색연필, 크레용 등 다양한 재료를 활용하여 바닥에 제공해 주었던 끼적이기 판을 벽이나 책상 등 공간도 다양하게 활용하여 제공해 줌으로 영아가 자신의 움직임이 조절된다는 것을 알고, 다른 환경 속 끼적이기의 즐거움을 발견하여 끼적이기를 지속하는 태도를 형성할 수 있도록 지원해주어야겠다.

활동 명   미끌미끌 미역 놀이

활동 목표   미역을 만져보며 미끌미끌한 느낌을 느낀다.

활동 영역   자연탐구영역 〉 과학적 탐구하기 〉 물체와 물질 탐색하기 〉
일상생활 주변의 몇 가지 친숙한 것들을 양육자와 함께 탐색한다.

관찰 내용   호영이가 손으로 만지기 힘들 것 같아 교사가 먼저 집게를 이용해 집어 보며 탐색을 해 보았다.
손으로 작은 미역을 만져 보이며 "호영아 손으로 만져도 돼"하자 호영이도 손으로 만져보았다. "느낌이 어때?'
교사가 묻자 호영이는 웃으며 '차가워'라고 말했다.
교사가 호영이의 팔에 미역을 붙여 주었더니 호영이가 소리를 내며 떼어서 던졌다. 교사가 소꿉놀이를 제시해주
자 호영이는 집게를 이용해 긴 미역을 집어 들며 "길어, 길어"라고 말하며 놀이를 했다.

교사 지원   하루 일과 중 영아가 관심을 보이는 사물에 함께 주의를 기울여 관심 있어 하는 사물을 직접 감각적으로 탐색하
고 시도해 볼 수 있도록 도와 주고, 상황에 따른 적절한 지원을 통해 친숙한 물체와 물질을 탐색하는 데 어려움
이 없도록 지원해 주어야겠다.

활 동 명	밀가루 풀로 그려요.
활동 목표	밀가루 풀을 이용하여 그려지는 모양에 관심을 가진다.
활동 영역	예술영역 > 예술적 표현하기 > 단순한 미술 경험하기 > 감각적으로 단순한 미술 경험을 한다.
관찰 내용	교사가 밀가루 풀을 책상 위에 풀어 "이게 뭐야? 한번 만져볼까?" 하자, 호영이가 따라서 만져보았다. 교사가 "느낌이 어때?" 하고 묻자 손가락으로 조심스럽게 밀가루 풀을 만지며 이상한지 살짝 만지고 미끄러워 소리를 지르며 웃었다. 교사가 손이 움직이는 대로 선이 남는 것을 보더니 "선생님 이것 봐 이것 봐"라고 말하며 선생님을 모방해 만든 선 모양을 가리켰다. 호영이가 선을 만들고 놀이하다 풀을 두 손 가득 집어 들고 위에서 떨어뜨리며 "선생님 똥! 똥!"이라고 말하며 웃는다.
교사 지원	미술활동 등 경험이 없는 재료를 제시할 때는 영아가 놀이를 충분히 관찰하고 탐색할 수 있는 시간을 주어 거부감없이 스스로 놀이에 참여할 수 있도록 배려해 주어야겠다. 또한, 영아들의 활동 결과물을 보육실에 게시해 줌으로 자신의 결과물을 통해 얻을 수 있는 긍정적인 자아인식과 성취감을 갖도록 지원해주어야겠다.

활 동 명   칙칙폭폭 기타를 타고

활 동 목 표   기차를 타고 다니며 느끼는 감정을 표현한다.

활 동 영 역   사회관계영역 〉 나와 다른 사람의 감정알기 〉
다른 사람의 말과 표정 몸짓에 주의를 기울인다.

관 찰 내 용   종이 기차를 보여주며 교사가 "오늘은 선생님이랑 칙칙폭폭 기차 타고 여행 가자 호영이는 어디 가고 싶어?"라
고 묻자 "홈플러스"라고 말했다. 교사가 "홈플러스 가서 뭐 할까?"라고 묻자 호영이가 "초코아이, 아이" 말했다.
"아 호영이는 초콜릿 아이스크림 사고 싶구나"라고 교사가 말해준 후 친구들과 기차를 타고 움직였다. 웃으며
신이 난 호영이가 "칙폭 칙폭" 소리를 지르며 교실을 달렸다.
교사가 "홈플러스에 다 왔다. 우리 아이스크림 먹을까?"라고 하자 호영이와 아이들은 아이스크림 먹는 흉내를
내며 "맛있다"라고 말하며 친구들과 마주 보며 웃었다.

교 사 지 원   교사가 영아의 말과 행동에 민감성을 갖고 상호작용해 줌으로 영아가 자신감을 가지고, 다른 사람이 나타내는
반응을 보고 그 사람이 느끼는 감정을 이해하는 경험을 통해 공감능력을 기를 수 있도록 도와야겠다.

♡ 2019년 1학기 부모 상담 일지 ♡

면담 일자 : 20 . 5 .   .

영아 명(만 1세반)	이호영	면담 방법	(전화), (방문)
생년월일		면 담 자	

사전 상담지를 통한 상담 내용

Q. 부모: 자기가 하고 싶은 것은 끝까지 하려고 고집을 부리며 뜻대로 되지 않을 때는 반대로
행동하거나 소리를 많이 지르는 경우가 많습니다. 어떻게 하면 좋을까요?

A. 교사: '고집이 세다'라는 말은 발달학적으로 보면 자아개념이 강하고 자기 의지를 확고히 하고 있다는 것을
뜻하기도 하고 "싫어", "안 해" 등과 같은 단정적인 말로 표현하기도 합니다.
하지만 아이의 주장이 엉뚱하거나 쓸모없다는 이유로 제재를 가한다면,
아이의 자신감과 독립심이 제대로 자랄 수 없습니다.
부정적인 고집에는 무관심한 태도를 보여주고 긍정적인 고집에는
아낌없이 칭찬해 주시고 통제보다는 너그러운 마음이 효과적입니다.

출처: 신의진의 아이심리백과 中

어린이집 일과에 따른 행동 관찰 상담 내용

의사소통 영역 : 요즘 들어서 언어가 빠르게 발달하고 있어 동화책을 읽어주고
놀이를 통해 표현 언어 확장을 돕고 있습니다.

사회관계 영역 : 선생님과의 관계에서 친구들과 공유하기를 힘들어하여
친구들이 선생님께 안겨있는 모습을 보는 것을 힘들어합니다.

종합 의견	한참 자기주장이 강해지고 뭐든지 스스로 해보려는 시기입니다. 칭찬해 주고 격려해주며 위험하지 않은 활동은 스스로 도전하게 하여 긍정적인 효과를 줄 수 있는 시기입니다. 반면 참고 기다리기 양보하기 등과 같은 관계에 대한 경험은 일관성을 가지고 모범을 보이며 안내하고 경험의 기회를 늘려야 합니다.

평 가

1. 부모님 면담 분위기	①매우 좋음 ②좋음 ③보통 ④나쁨 ⑤매우 나쁨
2. 면담에 대한 부모님 만족(반응)	①매우 좋음 ②좋음 ③보통 ④나쁨 ⑤매우 나쁨
3. 상담에 대한 교사의 준비도	①매우 좋음 ②좋음 ③보통 ④나쁨 ⑤매우 나쁨

※ 위 사례는 「신의진의 아이 심리백과」에서 나온 내용을 수정 편집하였습니다.

♡ 1학기 어린이집 만족도 조사 ♡

실시일	20 년 1학기	연령	만 세	반	이름

영아들과 만나 생활한 지 벌써 한 학기가 다 되어갑니다.

감사했던 한 학기를 마무리 지으면서 부모님들의 의견을 듣고자 설문지를 마련하였사오니 많은 협조와

관심을 부탁드립니다. 만족스러운 것들은 저희가 감사함으로 듣고 미흡한 부분은 수정 보완하도록 하겠습니다.

영역	내 용	평 가		
		만족	보통	부족
환경 운영	영유아용 가구와 설비가 갖추어져 있다.			
	어린이집의 운영 방침과 정보 안내에 만족한다.			
	교사 대 영유아 비율을 준수한다.			
	어린이집을 개방하며 다양한 부모 참여와 교육이 이루어진다.			
	가정과 다양한 방법으로 소통하고 정기적인 면담을 실시한다.			
	영아의 긍정적인 행동 지도를 위해 부모와 협의한다.			
	영아의 발달 특성과 변화를 부모에게 다양한 방법으로 안내한다.			
	하루일과 보육프로그램에 만족한다.			
보육 과정	실외활동(산책, 놀이터)이 적절하게 이루어진다.			
	현장학습이(횟수, 시간, 장소) 적절하게 이루어진다.			
	편안한 분위기에서 일상경험을 할 수 있도록 한다.			
	영유아의 자유 놀이가 충분히 이루어지도록 한다.			
상호 작용	놀이와 활동이 영아의 자발적 선택에 의해 주도적으로 이루어지도록 한다.			
	등원 시 교사가 영유아를 존중하고 반갑게 맞이한다.			
	하원 시 하루의 일과에 대해 잘 안내한다.			
	영아들의 다툼이나 문제가 발생할 경우 다양한 해결 방식을 사용한다.			

건강 영양	실내 공간이 청결하다. (교실, 화장실, 놀잇감)			
	급, 간식 내용에 만족한다. (식단 제공)			
안전	아프거나 다친 영유아의 보호 및 건강관리가 잘 이루어진다.			
	영유아를 위한 안전교육이 적절히 이루어진다.			
	영유아를 위한 인계 과정을 준수한다.			
	영유아를 위한 안전한 차량 운행을 준수한다.			

✎ 한 학기를 마치며 당부하고 싶은 이야기

만 2세 신입 원아
적응 프로그램

신입 원아 적응 프로그램과 부모 상담 연간 일정

번호	행사명	실시월	세부준비사항
1	신입 원아 적응	3월	1. 연령별 적응 프로그램/ 5일 기준/ 5개 영역 포함 2. 적응관찰일지 작성 3. 적응 프로그램에 대한 부모 만족도 조사
2	1학기 부모상담 사전 준비	4월	1. 3월~4월 상담을 위한 관찰일지 작성 / 6개 영역 / 영아 관찰일지 2. 사전 상담지 준비 및 작성 3. 반별 상담 일정표 계획해서 학부모 배부 4. 가정통신(상담 안내문 시기, 시간, 방법, 장소)
3	1학기 부모상담	5월	1. 포트폴리오 작성 / 6개 영역 2. 사전 상담지와 관찰을 통한 내용을 바탕으로 상담 내용선정 3. 상담을 통한 개별 면담지 작성 4. 가정통신문(상담 종료한 내용)
4	1학기 부모 참여수업	6월	1. 교사회의 결정 　(세부– 행사명, 프로그램, 장소, 시간, 구체업무분담) 2. 가정통신문(행사내용, 참여/불참 확인) 3. 행사/행사 후 만족도 조사 설문지 보내기
5	1학기 관찰일지	7월	1. 표준보육과정에 따른 영아 관찰일지 2. 1학기 만족도 설문지 배부 회신
6	2학기 부모 참여수업	10월	1. 교사회의 결정(1학기 만족도 조사를 바탕으로 행사계획) 2. 가정통신문(행사내용, 참여/불참 확인) 3. 행사/행사 후 만족도 조사 설문지 보내기
7	2학기 부모상담 사전 준비	11월	1. 2학기 상담을 위한 포트폴리오 준비 및 작성 2. 반별 상담 일정표 계획해서 학부모 배부 3. 가정통신(상담 안내문 시기, 시간, 방법, 장소)
8	2학기 부모상담	12월	1. 상담을 위한 포트폴리오 작성 2. 관찰을 통한 내용을 바탕으로 상담 내용선정 3. 상담을 통한 개별 면담지 작성 4. 가정통신문(상담 종료한 내용)
9	2학기 관찰일지	다음 해 1월	1. 2학기 어린이집 만족도 조사

만 2세 신입 원아 적응 프로그램 개요

영아가 부모와 헤어져 교사에게 안정감을 느끼고 어린이집 생활에 불안해하지 않고 편안하게 느끼도록 체계적인 프로그램을 통해 적응을 돕고 있습니다. 이 프로그램을 통해 교사와 친구들에게 친밀감을 느끼고 신뢰감을 형성하여 어린이집 생활을 즐겁게 할 수 있도록 합니다.

적응 프로그램

1단계	인사 나누기

* "○○야 반가워."
  엄마와 함께 선생님과 인사를 나누어요.

* "여기는 어디일까?"
  엄마와 함께 반을 잠시 둘러보아요.

2단계	둘러보기

* "무엇이 있을까?"
  어린이집에 있는 다양한 공간을 둘러보아요.

* "엄마와 같이 놀아요."
  내가 좋아하는 놀잇감으로 엄마와 함께 놀이해요.

3단계	친해지기

* "엄마 다녀오세요."
  엄마와 인사를 나눈 후 교사에게 안정을 찾아요.

* "선생님과 함께 놀아요"
  관심을 보이는 놀잇감을 가지고 교사와 함께 놀이해요.

4단계	냠냠 점심 먹기

* "친구야! 같이 놀자."
  즐거운 놀잇감으로 또래 친구들과 함께 놀이해요

* "냠냠 점심을 먹어요."
  편안한 분위기 속에서 맛있는 점심을 먹어요.

5단계	편안히 쉬기

* "자장자장! 쿨쿨"
  편안한 분위기 속에서 휴식을 취해 보아요.

* "포근함을 느껴요."
  선생님 목소리를 들으며 안정을 취해요.

6단계	일과 적응하기

* "씩씩하게 등원해요."
  웃는 얼굴로 씩씩하게 인사를 나누며 등원해요.

* "즐거워요~편안해요."
  하루 일과의 흐름을 알고 즐겁게 하루를 보내요.

개별 상황을 고려한 단계별 적응 프로그램

각 가정의 상황 및 영아의 적응 정도에 따라 적응 프로그램 기간을 융통성 있게 조절해요.

프로그램	1단계 인사 나누기 (9:00~10:30)	2단계 둘러보기 (9:00~11:30)	3단계 친해지기 (9:00~12:00)	4단계 냠냠 점심 먹기 (9:00~1:00)	5단계 편안히 쉬기 (9:00~3:30)	6단계 일과 적응하기 (9:00~귀가)
1주	1일째		2일째	3일째	4일째	5일째
2주	1일째	2~3일째	4~7일째	8~9일째	10~12일째	13일째~
3주	1~3일째	4~7일째	8~12일째	13~15일째	16~18일째	19일째~

만 2세 신입 원아 적응 프로그램 활동 계획

담임	원장

만 2세 반

(2020. . ~ .)

단계/기간	시간	주제/목표	활동 내용
1단계(일) 월 일( ) ~ 월 일( )	09:00 ~ 10:30	**인사 나누기** * 엄마 품에서 선생님과 인사 나눠요. * 엄마와 함께 나의 반 잠시 둘러보아요.	* **활동명** : 원숭이와 곰돌이 * **영역(범주)** : 의사소통 〉 듣기 〉 짧은 문장 듣고 말하기 〉 친숙한 짧은 문장을 듣고 반응한다. * **활동방법** : ① 원숭이와 곰돌이 동화를 듣는다. ② 원숭이 곰돌이처럼 자신의 감정을 언어로 표현해 본다. ③ 막대 인형을 만든다. ④ 친구와 반갑게 인사한다.
2단계(일) 월 일( ) ~ 월 일( )	09:00 ~ 11:30	**둘러보기** * 어린이집에 있는 다양한 공간을 둘러보아요. * 내가 좋아하는 놀잇감으로 엄마와 함께 놀이해요.	* **활동명** : 종이놀이 * **영역(범주)** : 자연탐구 〉 과학적 탐구하기 〉 물체와 물질 탐색하기 〉 친숙한 물체와 물질을 능동적으로 탐색한다. * **활동방법** : ① 다양한 종이를 탐색하여 질감을 느낀다. ② 종이를 구기거나 흔들어 나는 소리를 들어본다.
3단계(일) 월 일( ) ~ 월 일( )	09:00 ~ 12:00	**친해지기** * 엄마와 인사를 나눈 후 교사에게 안정을 찾아요. * 관심을 보이는 놀잇감을 가지고 교사와 놀이해요.	* **활동명** : 목욕하기 * **영역(범주)** : 기본생활 〉 건강하게 생활하기 〉 몸을 깨끗이 하기 〉 스스로 손과 몸 씻기를 시도한다. * **활동방법** : ① 준비된 아기 인형을 탐색한다. ② 아기 인형을 깨끗하게 씻겨 본다.
4단계(일) 월 일( ) ~ 월 일( )	09:00 ~ 1:00	**냠냠 점심 먹기(즐거운 시간)** * 즐거운 놀잇감으로 또래 친구들과 함께 놀이해요. * 친구들과 맛있는 점심을 먹어요.	* **활동명** : 나누어 먹어요 * **영역(범주)** : 사회관계 〉 나와 다른 사람의 감정 알기 〉 나의 감정을 나타내기 〉 여러 가지 감정을 말과 행동으로 나타낸다. * **활동방법** : ① 다양한 과일에 대해 이야기 해본다. ② 선생님과 함께 집게를 사용하여 개인접시에 과일을 나누며 맛있게 먹는다. ③ 그림판을 활용한다.
5단계(일) 월 일( ) ~ 월 일( )	09:00 ~ 3:30	**편안히 쉬기(신나는 놀이1)** * 신나는 놀이를 해요. * 선생님 목소리를 들으며 편하게 쉬어요.	* **활동명** : 부릉부릉 자동차 * **영역(범주)** : 의사소통 〉 말하기 〉 발성과 발음으로 소리내기 * **활동방법** : ① 자동차를 탐색하고 원하는 자동차를 선택 한다. ② 자동차를 움직이며 부릉부릉, 뛰뛰빵빵 소리를 흉내 낸다. ③ 소리를 흉내 내며 길 바닥 위로 자유롭게 움직이도록 한다. ④ 자동차 길도 교사의 도움을 받아 만들어 본다.
6단계(일) 월 일( ) ~ 월 일( )	09:00 ~ 귀가	**일과 적응하기(신나는 놀이2)** * 씩씩하게 등원하고 신나게 놀이해요. * 하루 일과의 흐름을 알고 즐거운 하루를 보내요.	* **활동명** : 된장찌개를 끓여요 * **영역(범주)** : 예술경험 〉 예술적 표현하기 〉 모방과 상상놀이하기 〉 일상생활 경험을 상상 놀이로 즐긴다. * **활동방법** : ① 다양한 재료를 탐색한다. ② 음식모형으로 된장찌개를 만든다.
종합평가			

만 2세 신입 원아
적응 프로그램 실제

활동 1	원숭이와 곰돌이	목 표	친구와 반갑게 인사한다.

내용 범주 의사소통 〉 듣기 〉 짧은 문장 듣고 말하기 〉
친숙한 짧은 문장을 듣고 반응한다.

준 비 물 STEP2 CD, 원숭이와 곰돌이 막대인형, 막대,
가림 판 스티커, 길 모퉁이 배경

챈트&노래 1. 원숭이 뛰어와 곰돌이 뛰어와 꽈당 꽈당 꽈당 부딪혔다네,
어떻게 하나 어떻게 하나 둘이는 화가 나서 잉잉잉~
2. 원숭이 뛰어와 곰돌이 뛰어와 꽈당 꽈당 꽈당 부딪혔다네,
어떻게 하나 어떻게 하나 둘이는 미안해서 악수해~

상호작용
(예시)
의도적 질문 : 이 친구들이 누굴까? 왜 화가 났을까? 이럴 땐 어떻게 할까?
경청 : 원숭이가 좋구나.
공감 : 아야, 부딪혀서 속상했구나.
인정 : 이럴 땐 어떻게 할까? "미안해" 말할 수 있구나. 아~사이좋은 친구가 될 수 있겠다.

QR코드를
찍어보세요.

활동 2	종이놀이	목 표	다양한 종이와 소리의 차이에 관심을 갖는다.

내용 범주 자연탐구 〉 과학적 탐구하기 〉 물체와 물질 탐색하기 〉
주변사물의 같고 다름에 따라 구분한다.

준 비 물 STEP2 CD, 색종이, 셀로판지, 습자지, 골판지,
그림판

챈트&노래 룰루가 종이놀이해요~
흔들어 보자/ 팔랑팔랑팔랑 팔랑팔랑팔랑
소리내보자/ 판판판판 판판판판, 비벼보자/ 왔다갔다 왔다갔다
구겨보자/ 구깃구깃구깃 구깃구깃구깃, 마음껏 놀아보자~ 와~

상호작용
(예시)
의도적 질문 : 종이로 뭐 할까?
경청 : 빨간색 종이를 집었네. 그렇게 흔들 수 있구나.
공감 : 팔랑~소리가 나니까 재미있구나. 아~ 그렇게 두드릴 수도 있구나.
인정 : 다양한 소리를 낼 수 있네. 선생님도 따라 해볼게.

QR코드를
찍어보세요.

활동 3	목욕하기	목 표	나의 몸 씻기, 손 씻기를 시도 한다.

내용 범주	기본생활 〉 건강하게 생활하기 〉 몸을 깨끗이 하기 〉 스스로 손과 몸 씻기를 시도한다.
준 비 물	STEP2 CD, 아기인형(플라스틱), 물티슈, 모형 샤워 통, 타월
챈트&노래	노래 : 세수하자 세수해, 세수하자 세수해~ 깨끗이, 깨끗이, 깨끗이 　　　목 닦아요. 목 닦아. 목 닦아요. 목 닦아. 깨끗이, 깨끗이, 깨끗이 챈트 : 팔도 쭈욱, 팔도 쭈욱 / 깨끗이, 깨끗이, 깨끗이 / 다리도 쭈욱, 다리도 　　　쭈욱 / 깨끗이, 깨끗이, 깨끗이 / 깨끗하게 씻자 와 깨끗해졌네.

상호작용 (예시)	**의도적 질문** : 이게 뭐야? 이걸로 무엇을 할 수 있을까? 　　　　　　　　세수할 때 어떻게 하지? 이 닦을 수 있어? 세수할 수 있어? **경청** : 분홍 샤워 통을 가져왔구나. 룰루가 아가 인형 씻겨주네. **공감** : 아기 인형 씻겨 주고 싶었구나. 아가 씻겨줄 수 있구나. **인정** : 아기 인형 씻겨주어서 아기 기분이 좋겠다.

QR코드를
찍어보세요.

활동 4	나누어 먹어요	목 표	또래에게 관심을 보인다.

내용 범주	사회관계 〉 더불어 생활하기 〉 또래와 관계하기 〉 또래에 관심을 보인다.
준 비 물	STEP2 CD, 쟁반 위의 다양한 과일, 집게, 개인 간식 접시, 포크, 그림판, 여러 가지 과일이나 음식모형 스티커
챈트&노래	와~! 맛있는 간식 (냠냠 쩝쩝) 맛있는 간식 (냠냠 쩝쩝) 간식 먹을 때 어떻게 하지? 어떻게 하지? 아하! 아빠 드세요~ 아빠! 엄마 드세요~엄마! 그 다음 내가 먹어요~ (우와~ 맛있다. 나누어 먹으니까 더 맛있다!)

상호작용 (예시)	**의도적 질문** : 무슨 과일 좋아해? 누구랑 먹을까? **경청** : 사과 가져왔네. 사과를 좋아하는구나. **공감** : 맛있게 먹네. 　　　　친구에게도 나눠주고 싶구나. **인정** : 나눠 먹으니 모두 즐거워 보인다. 　　　　친구들은 무슨 과일 좋아할까?

QR코드를
찍어보세요.

활동 5	부릉부릉 자동차	목 표	자동차 놀이를 통해 소근육을 조절한다.

내용 범주 신체운동 〉 신체조절과 기본운동하기 〉 소근육 조절하기 〉
눈과 손을 협응하여 소근육을 조절해본다.

준 비 물 STEP2 CD, 여러 재질의 장난감 자동차,
바닥길(색테이프)

챈트&노래 부릉부릉 부릉부릉 자동차가 빵빵 빵빵빵빵 달려갑니다.
아빠는 조심운전~ 조.심.운.전. 나는 안전벨트~ 안.전.벨.트.

신나는 자동차 뛰뛰빵빵, 강아지도 타세요. 뛰뛰빵빵,
고양이도 타세요. 뛰뛰빵빵, 부릉부릉 부릉부릉 뛰뛰빵빵

**상호작용
(예시)** **의도적 질문** : 자동차를 타고 어디 갈까? 누구랑 갈까?
경청 : 자동차를 타고 가네. 어디 가세요?
공감 : 자동차가 그렇게 움직일 수 있구나. 마트에 갔네. 자동차 놀이해서 신나는구나.
인정 : 자동차 놀이가 재밌구나. 친구도 태워줄 수 있니?

QR코드를
찍어보세요.

활동 6	된장찌개를 끓이자	목 표	일상생활 경험을 상상 놀이로 즐긴다.

내용 범주 예술경험 〉 예술적 표현하기 〉 모방과 상상놀이하기 〉
일상생활 경험을 상상놀이로 즐긴다.

준 비 물 음식 모형(2개로 나눠지는 것), 모양 칼, 도마,
냄비, 접시, 된장찌개 냄비 그림판, 스티커, 뚜껑

챈트&노래 쓱싹쓱싹 배추를 썰자 / 쓱싹쓱싹 호박을 썰자
쓱싹쓱싹 감자를 썰자 / 쓱싹쓱싹 모두 썰어보자
된장찌개를 끓이자 / 익었나? 안 익었네!
익었나? 우와~ 맛있다

**상호작용
(예시)** **의도적 질문** : 이게 무슨 소리야?
경청 : 채소들이 많지? 호박을 도마에 올려놓았네~
공감 : 호박을 썰고 싶구나. 야채를 모두 썰었구나. 싹둑싹둑 잘라지니 재밌구나.
인정 : 냄비에 넣으니 된장찌개가 되었네.
　　　룰루가 만들어주니 더 맛있다.

QR코드를
찍어보세요.

♡ 만 2세 신입 원아 적응 프로그램 관찰일지 ♡

기 간	2019년 03월 4일 ～ 3월 28일

이 름		나 이 반 명	만2세/ 반	담 임		원 장	

요일	시간	내용	관 찰 일 지

1단계
 	
3월 4일(월)
～
3월 6일(수)
	09:00
	～
	10:30
		친구들과 인사 나누기
		
		* 엄마 품에서 선생님과
		  인사 나눠요.
		* 엄마 품에 안겨 보육실을
		  둘러보아요.
			새로운 친구, 교실, 교사에 관심을 보이고, 오히려 다른 우는 친구를 위로해 주는 모습을 보인다. 교사의 행동에 관심을 보이고 참여하고 싶어 한다. 교사가 읽어주는 동화에 관심을 갖는다. 교사가 막대인형을 제시해 주었더니 부끄러워하며 받는다. 교사와 친구들에게 막대인형으로 인사를 시도한다.

2단계 3월 7일(목) ～ 3월 11일(월)	09:00 ～ 11:00	**둘러보기** * 선생님과 인사 나눠요. * 엄마, 선생님과 함께 놀아요. * 선생님께 안겨보아요.	엄마와 어린이집을 둘러보던 중 종이놀이에 빠져 탐색을 시도하며 찢어 보기를 하면서 엄마를 잊고 놀이에 집중한다.

3단계
 	
3월 12일(화)
～
3월 18일(월)
	09:00
	～
	12:30
		친해지기
		
		* 어린이집에 있는 다양한
		  공간을 둘러보아요.
		* 내가 좋아하는 놀잇감으로
		  엄마와 함께 놀이해요.
			엄마와 잠깐 헤어지기를 알려주자 혼자 어린이집에 들어왔다.
			잠깐 생소해하더니 이내 경험했던 종이 놀이를 하고 인형 목욕 시키는 놀이를 한다.

4단계
 	
3월 19일(월)
～
3월 20일(수)
	09:00
	～
	15:00
		냠냠 점심 먹기
		
		* 엄마와 인사를 나눈 후
		  교사에게 안정을 찾아요.
		* 관심을 보이는 놀잇감
		  가지고 교사와 놀이해요.
			주말을 보내고 와서 엄마와 떨어지기를 힘들어한다. 고집을 부리고 떼를 쓰는 시간이 길어져서 엄마가 당혹스러워한다. 엄마가 들어오자 안정적으로 놀이를 시도했다.

5단계
 	
3월 21일(목)
～
3월 25일(월)
	09:00
	～
	16:00
		편안하게 쉬기
		
		* 또래 친구들의 놀이에
		  관심을 가져 보고 놀아요.
		* 편안한 분위기 속에서
		  휴식을 취해요.
			친구들과 인사를 나누고 교실을 탐색하고 놀이하였다 자연스럽게 오전 간식을 먹고 교사와 상호작용을 하였다. 교사가 모델링 한 신체활동에 참여하였으며, 다양한 활동에 관심을 보인다. 교사와 친밀감이 더해졌다. 식습관이 좋아 점심을 잘 먹는다.

6단계
 	
3월 26일(화)
～
3월 29일(금)
	09:00
	～
	귀가
		일과 적응하기
		
		* 웃는 얼굴로 씩씩하게
		  인사를 나누며 등원해요.
		* 하루 흐름 일과를 알고
		  즐겁게 하루를 보내요.
			교실에 들어오면서 선생님을 반갑게 인사했으나 엄마와 떨어져야 할 시간에는 떨어지지 않으려는 모습이 보인다. 하지만 놀이 시간에 음식모형으로 여러 가지 상상놀이를 하며 즐거운 시간을 가진다.

종합평가			작년 한해 오빠 등원 시 따라다녔던 경험 때문인지 다른 신입 원아에 비해 순영이는 비교적 적응이 쉽게 이루어졌다. 새로운 놀잇감에 대한 호기심으로 교사와 함께 다양한 놀이에 자발적으로 참여했다.

♡ 적응 프로그램에 대한 만족도 조사 ♡

본 어린이집에서는 적응 프로그램에 대한 부모님의 의견을 듣고자 하오니 작성 부탁드립니다.

아동 성별 : ☐ 여 ☐ 남	아동 연령 : 만 세
어린이집에 다녀본 경험 : ☐ 있다 ☐ 없다	출생 순위 : ☐ 첫째 ☐ 둘째 ☐ 셋째
적응 프로그램에 참여한 양육자 : ☐ 엄마 ☐ 아빠 ☐ 조부모 ☐ 그 외( )	

다음 문항을 읽고 본인의 생각과 가까운 곳에 체크해 주세요.

구분	평 가 내 용	평 가		
		만족	보통	부족
어린이집 운영	1. 어린이집 운영 철학, 보육 목표, 운영 내용 등에 대한 운영 방침을 체계적으로 안내받았다.	○	△	✕
	2. 신입 원아의 적응을 위한 과정이 체계적으로 진행되었다.	○	△	✕
	3. 발달을 지원하는 다양한 놀이 및 활동 자료가 준비되어 있다.	○	△	✕
	4. 영유아의 자유놀이가 충분히 이루어지도록 한다.	○	△	✕
	5. 영유아가 편안한 분위기에서 일상 경험을 할 수 있도록 운영한다.	○	△	✕
교사 환경	1. 교사는 영유아를 존중한다.	○	△	✕
	2. 교사는 영유아가 좋아하는 놀이와 주도적 활동을 격려한다.	○	△	✕
	3. 교사는 놀이상황을 관찰하며 놀이와 관련된 상호작용을 한다.	○	△	✕
	4. 영유아가 일상에서 자신의 의견 생각을 또래와 나눌 수 있도록 격려한다.	○	△	✕
	5. 영유아간 다툼이나 문제가 발생할 경우 다양한 해결 방식을 사용한다.	○	△	✕
	6. 영유아의 발달을 지원하는 놀잇감을 준비한다.	○	△	✕

♡ 1학기 학부모 상담 안내문 ♡

2020년 처음으로 친구들을 만나고,
어느덧 3월의 적응 기간이 마무리되고 있습니다. 울며 등원하던 모습은 함께 편안하게 생활하는 모습으로 변화를 보이고 날마다 즐거운 어린이집 생활을 만들어 가고 있습니다. 어린이집에서도 적응 기간을 마무리하며 1학기 개별상담을 실시합니다.

개별상담은 교사와 함께 영아의 발달과 특성을 이해하고 알아가며 가정과 연계하여 효과적인 보육을 위해 실시하는 프로그램입니다. 학부모님의 참여를 부탁드리며 아래 상담 일정을 안내해 드립니다.

1. 상담 기간 – 2020년 5월 6일(수) ~ 5월 15일(금)
   ▶ 오감반 – 2020년 5월 6일(수) ~ 5월 8일(금) 3일간
   ▶ 발달반 – 2020년 5월 11일(월) ~ 5월 13일(수) 3일간
   ▶ 오터치반 – 2020년 5월 14일(목) ~ 5월 15일(금) 2일간

2. 상담 시간 및 장소
   ▶ 시간일정 – 5시, 5시 20분, 5시 40분, 6시 4차례
   ▶ 장   소 – 각 반 교실. 담임교사와 20분간

3. 상담 주제
   ▶ 자녀 양육에 관한 모든 것(습관, 성격, 부모와의 관계 등)
   ▶ 사전 상담지 내용에 관한 것(상담을 원하시는 내용을 미리 적어주시면 효과적인 상담이 이루어집니다.)
   ▶ 어린이집 교실 활동 상담과 이해

4. 기타
   ▶ 부득이한 사정으로 방문이 어려우실 경우, 전화 상담 및 개별 일정도 가능하오니 미리 어린이집으로 연락을 주시기 바랍니다.
   ▶ 상담 기간 중 가능한 시간을 2개 정도 선택해주시면 다른 부모님과 시간을 결정하는데 많은 도움이 됩니다.
   ▶ 최종 상담 일정은 다시 공지해 드리겠습니다.

-   절 취 선   -

* 시간은 5시, 5시 20분, 5시 40분, 6시로 각 20분간 이루어집니다.
* 수첩에 내일까지 넣어 보내주세요.

_____ 반 이름 _____

오감반	6일	7일	8일
1차 희망시간			
1차 희망시간			
전화 상담일 경우 그 사유와 시간을 적어서 보내주세요.			
그 외 개별 일정 상담 일정을 원하시는 분은 작성해주세요.			

♡ 2학기 학부모 상담 안내문 ♡

어느새 2학기가 시작되었습니다.
어린이집 생활을 하며 하루가 다르게 성장하는 우리 영아의 모습이 저절로 입가에 미소를 짓게 합니다.
영아들의 고른 발달과 특성을 이해하고 가정과의 연계를 통한
양육을 지원하기 위한 2학기 개별상담을 합니다.
학부모님의 참여를 부탁드리며 아래 상담 일정을 안내해 드립니다.

1. 상담 기간 – 2020년 10월 9일(수) ~ 10월 18일(금)
   ▸ 오감반 – 2020년 10월 9일(수) ~ 10월 11일(금) 3일간
   ▸ 발달반 – 2020년 10월 14일(월) ~ 10월 16일(수) 3일간
   ▸ 오터치반 – 2020년 5월 17일(목) ~ 5월 18일(금) 2일간

2. 상담 시간 및 장소
   ▸ 시간일정 – 5시, 5시 20분, 5시 40분, 6시 4차례입니다.
   ▸ 장   소 – 각 반 교실. 담임교사와 20분간 진행됩니다.

3. 상담 주제
   ▸ 표준보육과정에 의거한 현재의 발달단계 이해와 상담
   ▸ 사전 상담지 내용에 관한 것(상담을 원하시는 내용을 미리 적어주시면 효과적인 상담이 이루어집니다.)
   ▸ 어린이집 교실 활동 상담과 이해

4. 기타
   ▸ 부득이한 사정으로 방문이 어려우실 경우, 전화 상담 및 개별 일정도 가능하오니 미리 어린이집으로 연락을 주시기 바랍니다.
   ▸ 상담 기간 중 가능한 시간을 2개 정도 선택해주시면 다른 부모님과 시간을 결정하는데 많은 도움이 됩니다.
   ▸ 최종 상담 일정은 다시 공지해 드리겠습니다.

-------------------- 절 취 선 --------------------

＊ 시간은 5시, 5시 20분, 5시 40분, 6시로 각 20분간 이루어집니다.

＊ 수첩에 내일까지 넣어 보내주세요.

_____ 반   이름 _____

오감반	7일	8일	9일
1차 희망시간			
1차 희망시간			
전화 상담일 경우 전화상담 글자와 시간을 함께 적어주세요.			
개별 일정 상담 요일 –			

♡ 1학기 부모 상담에 대한 사전 상담지 ♡

만 2세반   이름 :

양육환경	1. 주 양육자와 보조 양육자는 누구입니까?
	2. 현재 같이 살고 있는 가족 구성원은 누구입니까?
	3. 가정에서 하는 사교육은 무엇입니까?
개별적특성	4. 가정에서의 식습관은 어떻습니까? ① 바르게 먹는다. ② 잘 안 먹는다. ③ 돌아다니며 먹는다. ④ 따라다니며 먹여준다.
	5. 자녀의 특징적 습관은 무엇입니까? ex) 엄마 가슴을 만지며 잔다, 손가락을 빤다. 등
	6. 우리 아이가 좋아하는 것은 무엇입니까? ① 음　식: ② 장난감: ③ 기　타:
	7. 수면방법과 수면습관은 어떻습니까? ① 자는 시간과 일어나는 시간이 규칙적이다. ② 불규칙적이다. ③ 수면방법
어린이집생활	8. 어린이집에 가는 일을 즐거워합니까? ① 아주 좋아한다. ② 좋아한다. ③ 가끔 가기 싫어한다. ④ 기타
	9. 자녀 양육 시 어려운 점이나 상담하기 원하는 내용은 무엇입니까?

♡ 1학기 학부모 상담 일정표 안내 ♡

학부모님께

1학기 개별상담 일정을 안내해 드립니다.
상담을 통해 어린이집과 가정이 연계된 질 높은 양육과 보육이 이루어지도록 노력하겠습니다.

▶ 오감반 상담 기간
   2020년 5월 6일(수) ~ 5월 8일(금)

상담일정표예시

오감반	6일(수)	7일(목)	8일(금)
5시	○○○		○○○
5시 20분	○○○(전화상담)	○○○	
5시 40분		○○○	
6시	○○○		○○○

* 부득이 상담 시간이 변경될 경우는 비어있는 시간으로 이동이 가능하오니,
  어린이집으로 연락 주시기 바랍니다.

오터치 오감발달어린이집

2019년 1학기
김순영 상담 포트폴리오

해당월령	만2세(36개월)	관찰기간		작성자		원 장	

예술경험

활 동 명　　엄마, 아빠가 되어 보아요

활동 목표　　엄마, 아빠의 모습을 상상하며 흉내를 내어 본다.

활동 영역　　예술경험 〉 예술적 표현하기 〉 모방과 상상놀이하기 〉
　　　　　　　일상생활 경험을 상상놀이로 즐긴다

관찰 내용　　선글라스를 쓰고 주변을 두리번거리는 순영이에게 교사가 "누구세요?'라고 묻자 "엄마'라고 대답한다. 다시 교
　　　　　　　사가 "어디가세요?"라고 묻자 순영이가 "마트가요"라고 말하며 가방을 멘다.
　　　　　　　교사가 "뭐 사러가세요?"라고 묻자 이번에는 손을 흔들며 "우유요"라고 답하며 교실을 한 바퀴 돌아오더니 교사
　　　　　　　에게 "여기 있어요."라고 이야기를 건넨 후 "이제 수박 사 올게요."라고 말하며 다시 이동한다.

교사 지원　　상상놀이를 통해 특징적인 행동을 반복하며 자신의 일상에 대하여 인식하고 가작화 요소를 표현하는 기회를
　　　　　　　늘린다.

신체활동

활 동 명   훌라후프 건너가기

활동 목표   기구를 이용해 다양한 방법의 신체활동을 한다.

활동 영역   신체운동 〉 신체활동참여 〉 기구를 이용하여 신체활동 시도하기 〉
             간단한 기구를 이용하여 신체활동을 시도한다.

관찰 내용   후프를 2개 제시하자 순영이가 걸어서 가다가 머리를 숙여 간다. 다시 돌아올 때도 후프 앞에서 미리 머리를 숙
             여 걸어온다. 순영이가 기어서 통과하는 모습을 보더니 다시 돌아와 기어서 통과한다. 후프를 가져가더니 안으
             로 들어가 혼자 빙글빙글 돌아본다. 교사를 쳐다보기에 웃어주었더니 후프 안에서 일어나 토끼처럼 뛰는 모습을
             보인다.

교사 지원   세발자전거타기 동작과 같은 다양한 활동을 통해 영아의 대근육 발달을 지원한다.

자연탐구

활 동 명   빨래집게 머리카락

활동 목표   엄지와 검지로 빨래집게를 사용해 본다.

활동 영역   자연탐구 〉 과학적 탐구 〉 생활 도구사용하기 〉
              간단한 도구를 사용한다.

관찰 내용   순영이가 빨래집게를 이용해 그림판에 붙이려고 한다. 교사가 빨래집게를 이용하는 방법을 설명하여 보여주었
              더니 순영이가 흥미를 느꼈는지 바로 따라 한다.
              몇 번 집게를 잡아 벌리다가 집게가 떨어졌다. 한번 성공한 후 힘 조절 방법을 아는지 야무지게 집게를 집어 양,
              강아지, 토끼 염소 다양하게 동물들을 모두 완성하였다.
              교사가"와~! 순영이 집게 잘 잡는다." 했더니 '순영이가 했어요."라고 이야기한다.

교사 지원   생활속에서 접하게 되는 간단한 도구에 관심이 유지될 수 있도록 반복적으로 제공한다.

활 동 명   부케 가족사진 꾸미기

활동 목표   표현활동을 통해 소근육 발달을 돕는다.

활동 영역   예술경험 〉 예술적 표현하기 〉 자발적으로 미술활동하기 〉
                   자발적으로 그리기 만들기를 한다

관찰 내용   순영이가 그림판을 받고 뚜껑을 열어 나오는 사진을 보며 '엄마다'라고 이야기하더니 얼굴이 환해진다. 다른 뚜껑 밑에 아빠 사진을 딱풀을 이용해 붙였다. 순영이는 좋아하는 스티커를 떼어 아빠 사진에 장식한다. 친구에게 아빠 사진을 보여주며 "아빠"라고 이야기한다.
                   자기 사진도 붙이고 딱풀로 붙인 후 크고 작은 스티커를 떼어 붙이며 그림판을 장식한다.

교사 지원   조작이 쉬운 재료나 도구를 선택하고 창의적 표현을 경험하도록 한다.

활 동 명	장난감 기차
활동 목표	친구와 함께 즐겁게 놀이하는 경험을 한다.
활동 영역	사회관계 〉 더불어 생활하기 〉 또래와 관계하기 〉 또래의 모습과 행동을 모방한다.
관찰 내용	교사가 한 친구의 어깨를 잡고 기차 만들기를 했다. 다른 친구들과 함께 순영이도 차례로 친구의 어깨를 잡고 기차를 만들어 교실을 한 바퀴 돌아보았다. 친구 어깨 에서 손이 떨어지자 얼른 다시 잡는다. 교사가 칙칙폭폭 칙칙폭폭 언어 리듬과 장난감 기차 노래를 불러 주었더 니 리듬에 맞게 멈춤과 움직임을 반복해서 나타낸다.
교사 지원	자신이 관심을 둔 또래의 행동을 모방하여 나타내면서 사회적 관계에서 표현하는 여러 가지 언행을 익힐수 있 도록 한다.

활 동 명	엄마, 아빠에게 전화해요
활동 목표	전화 놀이 활동을 통해 정서적 안정감을 느낄 수 있다.
활동 영역	의사소통 〉 듣기 〉 말소리 듣고 의미 알기 〉 다양한 말소리의 차이를 구분 한다.
관찰 내용	순영이가 전화기를 들더니 전화 거는 흉내를 낸다. 교사가 "누구에게 전화 거는 거야? "묻자 순영이가 "엄마"하고 대답한다. "엄마 엄마 사랑해"라며 이야기를 한다. 교사를 보며 "순영이가 전화 끊었어요."라고 이야기한 후 전화기를 바구니 안에 담아 놓는다.
교사 지원	말소리에 담긴 다양한 감정을 영아가 느낄 수 있도록 한다.

♡ 2019년 1학기 부모 상담 일지 ♡

면담 일자 : 20 . 5 . 16

영아 명(만 2세반)	남자영아	면담 방법	(전화), (방문)
생년월일	2017. 6. 20	면 담 자	담임 홍길동

사전 상담지를 통한 상담 내용

1. (남자아이)

부모: 장난감을 던지거나 낙서를 하고 화분에
심어진 이파리도 뜯어 놓고 길바닥에
눕기도 하며 고집을 부립니다.

교사: 새로운 것에 호기심이 아주 많다고 생각됩니다.
이 시기에는 매 순간 자기 경험을 갖게 됩니다.
또한 생명에 대한 소중함에 이야기 하며
모범을 보여주세요.
오감을 통한 아이만의 세상을 알아가는 방법입니다.

2.

부모: 무서움이 많아 불을 끄지 못하게 합니다.

교사: 혹시 필요 없는 협박이나
겁을 주는 말을 하지는 않는지요.
아이들에게 괜한 공포심은
세상에 대한 적개심을 만들게 합니다.
아이의 입장에서 이해하고 '엄마가 지켜줄게.'
혹은 '걱정하지 마.'라고 이야기하며 다독여 주세요.

어린이집 일과에 따른 행동 관찰 상담 내용

1. 자유놀이를 하면서도 장난감을 가지고 놀기보다는 돌
아다니며 친구들이 가지고 노는 것들을 발로 차는 모습
들을 보입니다.

2. 식사 시간에도 가만히 앉아 먹지 못하고 돌아다니다가 교
사가 부를 때 잠시 와서 먹고 돌아다니기를 반복합니다.

놀이 시간에 몸으로 함께 뒹굴며 잠깐이나마 교사의 몸을
도구로 활용하도록 도움을 주었습니다. 오감에 충분한 자
극을 주면서 조금 관심 있어 하는 것을 살폈습니다. 신문
지를 이용해 마음대로 그리고 구기고, 찢고 오려보는 놀
이를 하면서 방법을 알려주고 따라 할 수 있도록 하니 잠
간의 집중력을 보였습니다.

종합 의견	새로운 것들에 대한 궁금함이 가득한 시기이니 많은 것을 오감을 통해 충분한 경험을 하고 있는 아이의 모습을 존중해주는 것이 필요합니다. 조금이라도 관심 있어 하는 것이 무엇인지 살펴서 경험의 기회를 넓혀주고 모델링이 되어주며 마칠 때까지 곁에서 격려하며 기다려주는 시간이 필요합니다.

평 가

1. 부모님 면담 분위기	①매우 좋음 ②좋음 ③보통 ④나쁨 ⑤매우 나쁨
2. 면담에 대한 부모님 만족(반응)	①매우 좋음 ②좋음 ③보통 ④나쁨 ⑤매우 나쁨
3. 상담에 대한 교사의 준비도	①매우 좋음 ②좋음 ③보통 ④나쁨 ⑤매우 나쁨

♡ 1학기 어린이집 만족도 조사 ♡

실시일	20 년 1학기	연령	만 세		반	이름

영아들과 만나서 생활한지 벌써 한 학기가 되었습니다.

한 학기를 마무리하며 부모님들의 귀한 의견을 듣고자 합니다.

만족스러운 것들은 저희가 감사함으로 듣고 미흡한 부분은 수정 보완하도록 하겠습니다.

부모님들의 협조 부탁드립니다.   일까지 어린이집으로 보내주시기 바랍니다.

영역	내 용	평 가		
		만족	보통	부족
환경 운영	영유아용 가구와 설비가 갖추어져 있다.			
	어린이집의 운영 방침과 정보 안내에 만족한다.			
	교사 대 영유아 비율을 준수한다.			
	어린이집을 개방하며 다양한 부모 참여와 교육이 이루어진다.			
	가정과 다양한 방법으로 소통하고 정기적인 면담을 실시한다.			
	영아의 긍정적인 행동 지도를 위해 부모와 협의한다.			
	영아의 발달 특성과 변화를 부모에게 다양한 방법으로 안내한다.			
	하루일과 보육프로그램에 만족한다.			
보육 과정	실외활동(산책, 놀이터)이 적절하게 이루어진다.			
	현장학습이(횟수, 시간, 장소) 적절하게 이루어진다.			
	편안한 분위기에서 일상경험을 할 수 있도록 한다.			
	영유아의 자유 놀이가 충분히 이루어지도록 한다.			
상호 작용	놀이와 활동이 영아의 자발적 선택에 의해 주도적으로 이루어지도록 한다.			
	등원 시 교사가 영유아를 존중하고 반갑게 맞이한다.			
	하원 시 하루의 일과에 대해 잘 안내한다.			
	영아들의 다툼이나 문제가 발생할 경우 다양한 해결 방식을 사용한다.			

건강 영양	실내 공간이 청결하다. (교실, 화장실, 놀잇감)			
	급, 간식 내용에 만족한다. (식단 제공)			
안전	아프거나 다친 영유아의 보호 및 건강관리가 잘 이루어진다.			
	영유아를 위한 안전교육이 적절히 이루어진다.			
	영유아를 위한 인계 과정을 준수한다.			
	영유아를 위한 안전한 차량 운행을 준수한다.			

✎ 한 학기를 마치며 당부하고 싶은 이야기

저자 소개

김연숙 (주)오감발달교육연구소 소장
창의 인성 리더십 평생교육원장
동덕여대 평생교육원 교수
Faith International University 교수(워싱턴주)

김정희 오감발달교육 연구소 평생교육원 교수

허주옥 화랑어린이집 원장
서울시 평가제 컨설턴트

신선경 오감발달베이비마을 어린이집 원장
어린이집 평가제, 프로그램 컨설턴트

김혜경 한국성서대 보육대학원
한빛어린이집 원장

신입 원아 적응 프로그램 및 부모상담 실제 워크샵

초판인쇄 2020년 2월 20일
초판발행 2020년 2월 20일

지은이 김연숙, 김정희, 허주옥, 신선경, 김혜경
펴낸곳 오감발달교육연구소, 한국학술정보 (주)
주소 경기도 하남시 조정대로 35 미사하우스디 엘타워 614호
전화 02) 3295 1789
팩스 031) 5175 4700
홈페이지 www.5touch.com

ISBN 978-89-268-9845-1 93330